DEFINA LIMITES
E ENCONTRE A PAZ

Copyright © 2021 by Nedra Glover Tawwab.
Licença exclusiva para publicação em português brasileiro cedida à nVersos Editora.
Todos os direitos reservados. Publicado originalmente na língua inglesa sob o título: *Set boundaries, find peace: a guide to reclaiming yourself*, e publicado pela Editora Penguin Random House LLC.

Diretor Editorial e de Arte:
Julio César Batista

Produção Editorial:
Carlos Renato

Preparação:
Mariana Silvestre de Souza

Revisão:
Cristiane Gomes e Maria Dolores Delfina

Editoração Eletrônica:
Hégon Henrique de Moura

Capa:
Adaptação da original do designer Silverglass

**Dados Internacionais de Catalogação na Publicação (CIP)
(Câmara Brasileira do Livro, SP, Brasil)**

Tawwab, Nedra Glover-
  Defina Limites e encontre a paz: um guia para encontratr a si mesmo / Nedra Glover Tawwab; tradução Thaïs Costa. -
1. ed. - São Paulo : nVersos Editora, 2021.

  Título original: *Set boundaries, find peace: a guide to reclaiming yourself*
  Bibliografia
  ISBN 978-65-87638-42-3

  1. Autoajuda 2. Autoconhecimento (Psicologia).
3. Psicologia I. Costa, Thaïs. II título.

21-66585   CDD-150

Índice para catálogo sistemático:
1. psicologia 150
Aline Graziele Benitez - Bibliotecearia - CRB-1/3129

A nVersos Editora e a autora não pretendem prestar serviços e orientação profissional ao leitor. As ideias, procedimentos e sugestões contidos neste livro são substituem consultas com o seu médico ou terapeuta. Todas as questões relativas à sua saúde requerem supervisão médica. A autora e a nVersos Editora se isentam da responsabilidade por qualquer perda ou dano supostamente decorrente de qualquer informação ou sugestão neste livro.

1ª edição – 2021
Esta obra contempla o Acordo Ortográfico da Língua Portuguesa
Impresso no Brasil - *Printed in Brazil*
nVersos Editora: Rua Cabo Eduardo Alegre, 36 - CEP: 01257060 - São Paulo – SP
Tel.: (11) 3995 - 5617
www.nversos.com.br
nversos@nversos.com.br

Nedra Glover Tawwab

DEFINA LIMITES E ENCONTRE A PAZ

Um guia para encontrar a si mesmo

Tradução: Thaïs Costa

Estabelecer limites saudáveis mudou minha vida de maneiras imprevistas. Este livro é dedicado a todos que estão conquistando a liberdade e estabelecendo limites saudáveis sem remorsos.

PREFÁCIO

Antes de adotar limites saudáveis, minha vida era opressiva e caótica. Também me deparava com a codependência, a falta de harmonia na vida pessoal, no trabalho e relacionamentos insatisfatórios. Mas estabelecer expectativas claras para mim e para os outros me deixa em paz. Reinventar a vida com relacionamentos saudáveis é um esforço constante, mas que se torna mais leve com o passar do tempo e a prática acumulada.

No momento em que deixei de demarcar perímetros, meus velhos problemas ressurgiram, então, estabelecer limites saudáveis se tornou algo constante em minha vida. Consistentemente, sou assertiva e autodisciplinada para criar a vida que desejo. No passado, ficava ressentida, pois esperava que os outros adivinhassem meus estados de espírito e minhas vontades. Por meio de tentativas e erros, aprendi que as pessoas não adivinhariam minhas necessidades. Elas levavam seu dia a dia, enquanto eu sofria em silêncio.

O que era difícil dizer antes, como "eu não vou conseguir ajudá-lo a ir em frente", agora fluem com mais firmeza. Meu medo era irritar os outros e não saber as palavras certas. Também temia que a defesa dos meus pontos de vista acabaria com meus relacionamentos, mas o custo pessoal era muito mais alto.

Quando ouvi falar pela primeira vez em limites, fiquei confusa sobre como aplicar esse conceito em minha vida. "Limites" pode ser um termo muito amplo e intimidador. Este livro desvenda os diversos aspectos de estabelecer limites saudáveis e oferece esclarecimentos para respeitar os limites alheios. Levei anos para abandonar a culpa por impor limites aos outros, pois não sabia que a culpa é normal quando fazemos algo que acreditamos ser ruim.

Este livro irá ensiná-lo a administrar o desconforto (culpa) que o impede de viver a vida desejada. Espero que ele lhe dê a confiança e a coragem para estabelecer limites saudáveis em sua vida.

SUMÁRIO

Prefácio, **7**
Introdução, **11**

PARTE 1 - ENTENDENDO A IMPORTÂNCIA DOS LIMITES, 15
1 - Afinal, o que são limites?, **17**
2 - O custo de não ter limites saudáveis, **39**
3 - Por que não temos limites saudáveis?, **59**
4 - Os seis tipos de limites, **77**
5 - Como são as violações de limites, **89**
6 - Identifique e comunique seus limites, **105**
7 - Linhas indistintas: demarque-as bem, **125**
8 - Trauma e limites, **141**
9 - O que você está fazendo para respeitar seus limites?, **153**

PARTE 2 - COMO IMPOR LIMITES, 171
10 - Família, **173**
11 - Relacionamentos românticos, **189**
12 - Amizades, **205**
13 - Trabalho, **219**
14 - Redes sociais e tecnologia, **233**
15 - E daqui em diante?, **249**

Perguntas frequentes, **257**
Agradecimentos, **261**
Leituras adicionais, **263**
Notas, **267**
Sobre a autora, **271**

INTRODUÇÃO

Impor limites irá libertá-lo.

Sou terapeuta há 14 anos e as pessoas começam a fazer terapia sem saber que têm problemas com limites. Quando elas passam pela porta, os problemas com limites estão disfarçados como falta de autocuidado, conflitos com outras pessoas, dificuldade para administrar o tempo ou preocupações que as redes sociais impactem seu estado emocional.

Quando acabam de falar sobre ressentimento, infelicidade, sobrecarga e codependência, eu digo delicadamente, "você tem um problema com limites". A partir daí nós começamos o trabalho de descobrir violações de limites, aprender a comunicar limites aos outros e lidar com as consequências de impor limites. Sim, há consequências quando se lida com o desconforto e a culpa decorrentes de ser assertivo.

O Instagram se tornou um espaço no qual posto muito do que vejo como resultado dos problemas com limites. Minha postagem *Sinais de que você precisa impor limites* no Instagram se tornou viral.

Sinais de que você precisa impor limites

- Sente sobrecarga.
- Ressente-se com as pessoas que pedem sua ajuda.
- Evita telefonemas e interações com pessoas que, possivelmente, pedirão alguma coisa.
- Faz comentários sobre ajudar pessoas que nunca retribuem.
- Sente-se esgotado física e mentalmente.
- Frequentemente devaneia sobre abandonar tudo e desaparecer.
- Não tem tempo para si mesmo.

A reação em massa a essas postagens me mostra o quanto as pessoas sentem necessidade de estabelecer limites. Minha caixa de entrada fica lotada de mensagens como "Problema com limites, por favor, me ajude!". Semanalmente, apresento Q & As (Perguntas Frequentes e Respostas) no Instagram, e 85% das perguntas se referem a limites. Eu recebo perguntas como:

"Meus amigos ficam bêbados semanalmente e fico incomodado quando saio com eles. O que fazer?"
"Não consigo parar de dizer sim para o meu irmão, que constantemente me pede dinheiro emprestado. O que eu devo fazer".
"Meus pais querem que eu vá para casa nos feriados, mas prefiro ir para a casa da família do meu companheiro. Como digo isso para eles?"

É impossível responder a todas as perguntas que recebo no Instagram. Uma semana após a outra, as pessoas fazem mais perguntas sobre as dificuldades de comunicação em seus relacionamentos. Descobri um poço sem fundo de problemas com limites! Eu sabia que a única maneira de ajudar mais pessoas a resolverem esses problemas era compilar as estratégias que aprendi em um livro. Aliás, além do meu trabalho on-line e com clientes, também tive problemas com limites na maior parte da minha vida. Trabalho diariamente nisso, então, entendo como é importante estabelecer limites saudáveis.

Na maioria dos dias, faço uma enquete no *stories* do Instagram. É divertido elaborar enquetes e aprender com minha comunidade, mas os resultados podem surpreender. Certa vez perguntei, "suas expectativas em relação ao seu pai e a sua mãe são diferentes?" Mais de 60% das pessoas disseram que não. Isso me chocou, porque até as mães, e eu também sou, falam sobre expectativas maiores em relação às próprias mães. Mas as pessoas no Instagram pareciam achar que o pai e a mãe são igualmente importantes. No decorrer do livro apresentarei, você verá minhas enquetes no Instagram e seus resultados.

Como a maioria das pessoas, descobri que minhas relações familiares têm sido as mais difíceis em termos de estabelecer limites. Os sistemas familiares têm regras não declaradas de envolvimento. Se quiser se sentir culpado, defina um limite para sua família.

Em 2020, recebi uma mensagem me convocando a ajudá-lo em uma intervenção. Percebi que evolui ao responder, "Isso não é nossa função". Após muitos anos tentando salvar esta mesma pessoa, desisti. Não é meu trabalho salvar as pessoas. Nem consertar as pessoas. Naquele momento, fiquei orgulhosa dos meus limites e do quanto desenvolvi minha capacidade para respeitá-los. Por meio de tentativas e erros aprendi que, "se você não gosta de algo, tome alguma providência". Eu partia do pressuposto que deveria aceitar as coisas e ajudar as pessoas, mesmo que isso me fizesse mal. Não queria decepcionar os outros, o que me fez refletir sobre o motivo principal que faz as pessoas evitarem estabelecer limites: o medo de alguém se irritar com elas.

O medo não se baseia em fatos, e sim em pensamentos negativos e roteiros que passam por nossas cabeças. Ao longo dos anos, constatei que, quando precisam da minha ajuda, as pessoas têm de reconhecer o problema e pedir auxílio. Além disso, preciso ser capaz e estar disposta a ajudá-las. Passaram-se anos até eu notar que "consertar" as pessoas não as ajudava, o que eu fazia era assumir o trabalho que elas precisavam fazer por conta própria.

Durante a leitura, meus fracassos e triunfos com limites poderão ser conhecidos.

Não é fácil impor limites, especialmente para as pessoas que amamos, e pode parecer bem pior se arriscar a irritar alguém do que ter uma conversa incômoda. Mas fico só imaginando quantos relacionamentos poderia ter salvado se tivesse dito o que era preciso! Às vezes, essas coisas são decisivas: "Sairei de perto quando você estiver bebendo". Outras vezes, são banalidades: "Por favor, tire os sapatos para entrar na minha casa". Mas todas importavam.

As pessoas não fazem ideia do que você espera, a menos que você deixe isso bem claro. A clareza salva os relacionamentos.

A clareza salva relacionamentos.

Este livro apresenta uma fórmula claramente elaborada para detectar se você tem problemas com limites, para comunicar a necessidade limite e demonstrar isso na prática. Nem sempre esse é um processo suave. No começo, é difícil comunicar o que desejamos e precisamos, além de lidar com o incômodo das consequências. Fazer isso com frequência torna o processo mais fácil –, especialmente quando sentimos a paz mental resultante.

Por que as pessoas desrespeitam seus limites

- Você mesmo não se leva a sério.
- Nunca responsabiliza as pessoas.
- Pede desculpas por impor limites.
- Permite flexibilidade em excesso.
- Fala de forma vaga.
- Os limites estão só na sua cabeça e não foram verbalizados.
- Você supõe que é suficiente declarar seus limites somente uma vez.
- Você supõe que as pessoas entenderão o que você quer e precisa, baseadas em como você age quando elas violam um limite.

Há 14 anos, tenho a honra de ajudar pessoas a entenderem o sentido de seus relacionamentos e a terem coragem para criar relacionamentos saudáveis. Estas páginas trazem histórias úteis para ter um entendimento mais profundo de como os problemas com limites surgem na vida cotidiana. Elas são versões fictícias das minhas interações com clientes. Todos os nomes, fatos e detalhes foram mudados para manter o anonimato. Espero que você se identifique com esses relatos e aprenda a mudar seus relacionamentos.

Às vezes, nós sabemos que precisamos impor limites, mas não por onde começar. Este livro serve de guia para os benefícios dos limites e para o trabalho árduo de definir expectativas e manter seus valores nos relacionamentos. Como, muitas vezes, não sabemos como expressar exatamente o que precisamos, incluí sugestões de fraseado. Fique à vontade para usar minhas frases ou praticar as suas. Cada capítulo tem perguntas para reflexão ou exercícios para ajudá-lo a entender melhor o material.

PRIMEIRA PARTE

ENTENDENDO A IMPORTÂNCIA DOS LIMITES

1

AFINAL, O QUE SÃO LIMITES?

Limites são o portal para relacionamentos saudáveis

"Eu me sinto sobrecarregada", disse Kim cobrindo a cabeça com as mãos. Ela havia iniciado a terapia comigo duas semanas após voltar da lua de mel. Recém-casada e bem-sucedida na carreira profissional, Kim se orgulhava de ser a melhor em tudo o que fazia, mas suas preocupações em *dar conta de tudo* estavam consumindo-a. Ela já estava esgotada ao sair da cama pela manhã. Além da determinação para ser a melhor, ela sempre demonstrava ser "melhor" para os outros: a melhor amiga, a melhor filha, a melhor irmã, a melhor colega de trabalho e agora queria ser a melhor esposa e, algum dia, a melhor mãe. Para Kim, ser a melhor implicava sempre dizer sim. Dizer não era um ato de maldade e egoísmo. Ela me procurou com a esperança de descobrir como fazer mais sem ficar tão exaurida.

Em meu divã, Kim narrou a lista de coisas que concordara em fazer para outras pessoas na semana seguinte e insistiu que uma amiga *precisava* de sua ajuda para se mudar. Um colega de trabalho não conseguiria tocar *seu projeto* sem a ajuda dela. Kim estava ávida por soluções, pois queria arranjar mais tempo para fazer todas as coisas com que se comprometera.

Enquanto ela falava sobre tudo que estava tentando resolver, pedi uma pausa e apontei delicadamente que era impossível arranjar mais tempo. Inicialmente, ela pareceu aturdida. "Não se preocupe, eu posso ajudá-la a atenuar sua carga", falei. Por sua expressão facial, pareceu que ela nunca havia pensado nisso. Não fiquei surpreendida, pois conheço muitas pessoas – especialmente mulheres – que se doam demais e acabam se sentindo exauridas e até deprimidas. Afinal, vivemos em uma cultura de *burnout*[1], ou seja, de intenso esgotamento físico e mental. Para começar, estimulei Kim a fazer uma lista de tudo que precisava fazer no trabalho e em casa naquela semana. Obviamente, ela já havia planejado como seria toda a sua semana e feito um cronograma para cada tarefa. Rapidamente, ela se deu conta de que não havia tempo suficiente para fazer todas as coisas que planejara.

Então, perguntei: "O que você realmente precisa fazer e o que pode delegar? Sua amiga não pode pedir para outra pessoa ajudá-la na mudança?". Ela pensou um pouco e disse que sim, mas insistiu que queria ajudar. Nesse momento, constatei que Kim tinha um problema para impor limites, que sempre estava disposta a ajudar os outros e que isso estava contribuindo para que a sua ansiedade aumentasse. A intenção era boa, certo? Ela só queria ajudar as pessoas! Mas seu nível de disposição para ajudar era insustentável. Ela precisava desesperadamente fazer *menos*. Quando mencionei a possibilidade de delegar, Kim rejeitou a ideia rapidamente. Sua maneira de ajudar os outros era dizer sim a tudo e se encarregar das tarefas alheias.

A obstinação de Kim em *dizer não* a levara ao meu consultório e estava no âmago de sua preocupação, estresse e ansiedade esmagadores. Segundo estudos, a ansiedade está aumentando. Relacionamentos complicados estão entre as causas principais das taxas crescentes de ansiedade, sendo que ansiedade e depressão são as razões mais comuns para as pessoas recorrerem à terapia. Assim como Kim, as pessoas recorrem à terapia quando a ansiedade está começando a impactar sua vida cotidiana.

Trabalhei com Kim para eliminar sua necessidade de estar presente para todos. Ajudei ela a entender que dizer *não* lhe daria o tempo extra que desejava. Dizer *não* lhe daria a liberdade de se

---

[1] *Burnout* é um estado de estresse crônico que leva a exaustão física e emocional; cinismo e desapego; sentimentos de ineficácia e falta de realização.

firmar em seu papel como esposa. Dizer *não* diminuiria sua preocupação, de modo que ela levantaria da cama e começaria o dia sem se sentir imediatamente sobrecarregada.

MINHA DEFINIÇÃO DE "LIMITES"

Limites são expectativas e necessidades que o ajudam a sentir-se seguro e à vontade em seus relacionamentos. As expectativas nos relacionamentos o ajudam a ficar bem tanto mentalmente quanto emocionalmente. Aprender quando dizer sim ou não também é fundamental para você se sentir à vontade quando interage com os outros.

SINAIS DE QUE VOCÊ PRECISA DE LIMITES MAIS SAUDÁVEIS

A capacidade de Kim para funcionar bem foi afetada pela sua constante rotina de pensamentos, planejamentos e preocupações de não ter tempo suficiente, então, ela passou a ter medo e acabou ficando cada vez mais estressada. Problemas de saúde mental, como a ansiedade, podem ser estimulados pela reação neurológica ao estresse. Quando estamos estressados, o cérebro tem dificuldade para se acalmar, o sono é afetado e o medo se instaura. Como terapeuta, observo nos pacientes a falta de autocuidado, a sensação de sobrecarga, o ressentimento, o sentimento de fuga e outros problemas de saúde mental, que são indícios comuns das dificuldades com limites.

Negligência com o autocuidado

Isso remete a uma analogia com o aviso de segurança em aviões: "Coloque sua máscara de oxigênio *antes* de ajudar os outros". Simples, certo? Não. *Negligenciar o autocuidado* é a primeira coisa que acontece quando o desejo de ajudar os outros supera tudo.

Já perdi a conta do número de pessoas que vem ao meu consultório e lamenta, "não sobra tempo para fazer nada para mim mesma". Após uma avaliação rápida, fica evidente que essas pessoas não reservam tempo para si mesmas e, muitas vezes, parece que se esqueceram de como se cuidar. Elas não conseguem separar um tempo para comer uma refeição saudável ou ter cinco minutos para meditar, mas, semanalmente, passam horas atuando como voluntárias na escola dos filhos. Esse tipo de desequilíbrio é um sinal imediato de problemas com limites.

O autocuidado não é egoísmo e nem se resume a passar um dia relaxante no spa. Dizer não à ajuda excessiva é um ato de autocuidado. Prestar atenção em suas necessidades é autocuidado. E, assim como colocar a máscara de oxigênio, você terá mais energia para os outros se investi-la primeiro em si mesmo. Se você refletir sobre isso, a raiz do autocuidado é definir limites: é dizer não a alguma coisa, a fim de dizer sim ao seu bem-estar emocional, físico e mental.

A raiz do autocuidado é definir limites.

Sobrecarga

Kim buscou a terapia porque estava se sentindo cronicamente *sobrecarregada*. Essa é uma das manifestações mais comuns de problemas com limites. Pessoas sobrecarregadas têm mais a fazer do que o tempo requerido para suas tarefas. Elas estão afundadas em pensamentos sobre espremer mais coisas em um cronograma já lotado. Esse tipo de rotina frenética é endêmico em nossa cultura. Todos se esforçam para fazer cada vez mais. O tempo é uma consideração *a posteriori*, mas o preço é o nosso bem-estar. Entender o valor dos limites é uma maneira proativa de avaliar o que realmente é administrável e também permite que a tarefa em questão seja priorizada, sem aquela sensação incômoda de *estar o tempo todo sobrecarregado*.

Ressentimento

Sentir-se explorado, frustrado, irritado, aborrecido e amargo é o resultado do *ressentimento* que sentimos quando não impomos limites. Estar ressentido impacta a maneira como lidamos com as pessoas e de darmos o melhor em nossos relacionamentos. Isso gera conflito, ergue um muro e nos deixa paranoicos. O ressentimento duradouro afeta nossa percepção sobre as intenções alheias. Quando estamos ressentidos, fazemos as coisas para os outros por obrigação, e não pelo prazer de ajudar. O ressentimento pode ser perceptível.

Se um cliente diz, "tenho raiva por ter de cuidar da minha mãe", eu percebo imediatamente a irritação e o ressentimento. Explorar por que a pessoa sente pressão e obrigação de cuidar de alguém me permite desafiar sua crença. Sim, ele quer que sua mãe seja bem cuidada, mas não quer ser a única pessoa encarregada disso. Definir limites, solicitando o apoio de outros membros do grupo familiar e delegando tarefas, ajuda a aliviar o estresse.

Lembre-se dos sinais de que você precisa impor limites:

- Sente sobrecarga.
- Ressente-se com as pessoas que pedem sua ajuda.
- Evita telefonemas e interações com pessoas que, possivelmente, pedirão alguma coisa.
- Faz comentários sobre ajudar pessoas que nunca retribuem.
- Sente-se esgotado física e mentalmente.
- Frequentemente devaneia sobre abandonar tudo e desaparecer.
- Não tem tempo para si mesmo.

Fuga

Desaparecer, ignorar ou cortar as relações com pessoas é um tipo de fuga. Não responder a um pedido, adiar um acerto de contas ou não comparecer a um encontro marcado são maneiras de se esquivar das situações, ao invés de lidar com elas proativamente. Mas adiar questões pendentes evitando-as implica que elas continuarão ressurgindo e nos seguindo de um relacionamento ao outro.

A fuga é uma maneira passivo-agressiva de expressar seu cansaço com tanta demanda. Esperar que o problema se desfaça sozinho é a opção mais segura, mas fugir é uma reação baseada no medo. Evitar uma discussão sobre nossas expectativas não impede o conflito e só adia a tarefa inevitável de definir limites.

Pensamentos sobre fuga – "eu queria largar tudo e cair fora" – são um sinal extremo de que você está evitando algo. Fantasias de passar dias sozinho, ignorar telefonemas e se esconder indicam a busca da fuga como a solução radical para os seus problemas. Colocar limites é a única solução na vida real. Aprender a ser assertivo sobre suas limitações para os outros o ajudará a eliminar esses sintomas e a gerir melhor os ataques de depressão e ansiedade. A falta de entendimento sobre limites fomenta hábitos nocivos. Então, vamos nos aprofundar nisso.

ENTENDENDO OS LIMITES

Colocar limites saudáveis o faz sentir-se seguro, amado, calmo e respeitado. Eles indicam até que ponto as pessoas podem acessá-lo e seu grau de disponibilidade para os outros. Mas limites vão além disso.

A importância dos limites

- Podem ser usados como salvaguarda para não extrapolar.
- Servem como prática de autocuidado.
- Definem papéis nos relacionamentos.
- Comunicam comportamentos aceitáveis e inaceitáveis nos relacionamentos.
- Criam parâmetros para saber o que esperar nos relacionamentos.
- Auxiliam a pedir às pessoas que considerem as suas necessidades.
- Servem para comunicar suas necessidades aos outros.
- Ajudam a formar relacionamentos saudáveis.
- Ajudam manter a clareza.
- Melhoram sua segurança.

Um limite indica como os outros devem tratá-lo. Ele pode ser explícito, como dizer "vou lhe contar algo, mas isso fica só entre nós". Ou implícito, como ter um cesto para as visitas deixarem os sapatos e meias junto à porta de entrada. Quando você define seus limites, é importante também estar ciente dos limites que as pessoas estão tentando lhe comunicar.

Nossos históricos pessoais e familiares determinam como impomos e aceitamos limites. Se sua família tem limites não verbalizados ou regularmente ignora limites, provavelmente você crescerá sem as habilidades de comunicação necessárias para ser assertivo sobre suas necessidades. Por exemplo, filhos adultos de alcoólatras podem ter dificuldade para impor limites. Pais com vícios, muitas vezes, transmitem a mensagem de que seus vícios são mais importantes do que os limites das crianças. Deste modo, essas crianças crescem lutando para entender e definir limites. Caso a sua família de origem tenha boa comunicação e respeite limites saudáveis, é mais provável ficar à vontade para definir seus limites em qualquer cenário.

A personalidade determina nosso nível de conforto para respeitar e rejeitar limites. Pessoas com tendência a ansiedade são mais propensas a reagir exageradamente quando desafiadas. A regulação emocional é um problema comum para pessoas incapazes de reagir apropriadamente em cada situação. Pessoas que dão sinais fortes de ser desagradáveis, como sempre achar que têm razão, discutir por detalhes irrelevantes ou relutar para aceitar as diferenças alheias, tendem a rejeitar limites. A abertura (receptividade a mudanças) e a diligência (disposição para aprender e evoluir) são traços de personalidade de pessoas que tendem a respeitar as limitações.

Limites são fundamentais em todas as idades. Eles mudam nos relacionamentos, à medida que as pessoas também mudam. Momentos de transição como casar-se, terminar a faculdade ou formar uma família exigem novos limites.

HÁ DE FATO três níveis de limites. Veja quais são familiares para você.

Porosos

Limites porosos são vagos ou mal explicados e involuntariamente danosos. Eles geram exaustão, extrapolação, depressão, ansiedade e a dinâmica de relacionamentos doentios. Kim, aquela moça na história inicial, é um exemplo de como limites porosos se manifestam e prejudicam o bem-estar.

Limites porosos se configuram como:

- Falar muito sobre si mesmo.
- Codependência.
- Enredamento (falta de separação emocional entre você e a outra pessoa).
- Incapacidade de dizer não.
- Tentar agradar a todos.
- Dependência da opinião alheia.
- Medo paralisante de ser rejeitado.
- Aceitar maus-tratos.

Exemplos de limites porosos:

- Aceitar fazer coisas das quais não tem vontade.
- Emprestar dinheiro para as pessoas por se sentir obrigado ou quando não tem condições para fazer isso.

Rígidos

No outro extremo, os limites rígidos envolvem construir muros para manter os outros longe e se sentir seguro. Mas ficar seguro por meio do isolamento é nocivo e gera outros problemas. Enquanto os limites porosos levam à proximidade nociva (enredamento), os rígidos são um mecanismo de autoproteção destinado a manter distância e derivado de um medo de vulnerabilidade ou de um histórico de ser explorado. Pessoas com limites rígidos não abrem exceções às suas regras inflexíveis nem quando isso seria saudável para elas. Se uma pessoa com limites rígidos diz, "eu nunca empresto dinheiro", ela não abre uma exceção nem para um amigo que jamais pediu dinheiro emprestado, mas que está passando por uma crise.

Como são os limites rígidos:

- Nunca partilhar.
- Construir muros.
- Evitar a vulnerabilidade.
- Cortar relações com as pessoas.
- Ter altas expectativas sobre os outros.
- Impor regras estritas.

Exemplos de limites rígidos:

- Dizer não asperamente para desencorajar as pessoas de lhe pedirem algo no futuro.
- Ter uma regra de que nunca cuidará das crianças de sua irmã.

LIMITES SAUDÁVEIS

Limites saudáveis são viáveis quando seu passado não se imiscui das interações atuais. Eles requerem a consciência de suas capacidades emocionais, mentais e físicas, e comunicação clara.

Limites saudáveis se configuram como:

- Ser claro sobre seus valores.
- Seguir sua própria opinião.
- Partilhar apropriadamente com os outros.
- Ter uma vulnerabilidade saudável com pessoas que conquistaram sua confiança.
- Estar à vontade para dizer não.
- Estar à vontade para ouvir não sem levar para o lado pessoal.

Exemplos de limites saudáveis:

- Dizer não sem se desculpar porque essa é a opção mais saudável para você nesse momento.
- Ajudar as pessoas financeiramente quando apropriado e se isso não lhe causar prejuízo financeiro.

HÁ DOIS PASSOS PARA DEFINIR LIMITES

É difícil impor limites. O medo paralisante da possível reação de alguém pode facilmente nos refrear. Sua mente pode criar interações desconfortáveis para te preparar para os piores cenários possíveis. Mas confie em mim: um incômodo breve visando um relacionamento saudável e duradouro vale a pena todas as vezes!

Sempre que identificar um limite que gostaria de estabelecer, lembre-se de que há dois passos no processo: comunicação e ação.

Comunicação

O primeiro passo é comunicar verbalmente suas necessidades. Não é possível captar acuradamente seus limites só com base em sua linguagem corporal ou expectativas não verbalizadas. Quando você afirma explicitamente o que espera, há pouco espaço para os outros interpretarem de forma equivocada o que funciona para você. Afirmações assertivas são a maneira mais efetiva para fazer isso.

Comunicar verbalmente seus limites se afigura assim:

- "Quando tivermos uma discordância, gostaria que você usasse um tom mais baixo e fizesse uma pausa se perceber que está ficando muito nervoso durante a conversa. Eu também vou avisar quando estiver incomodada com seu tom".
- "É importante para mim que você respeite o que combinamos. Se você precisar mudar nossos planos, por favor, mande uma mensagem me avisando com antecedência".

Ação

O processo de estabelecer limites não se limita à comunicação. É importante manter o que diz por meio do seu comportamento. Apostar que a outra pessoa consegue ler sua mente é uma receita infalível para um relacionamento doentio. É preciso agir. Por exemplo, vamos supor que você disse a seu amigo, "é importante para mim que você respeite o que combinamos. Se precisar mudar nossos planos, por favor, mande uma mensagem me avisando com antecedência". Como comunicou verbalmente seu limite, se ele for violado, você precisa reforçá-lo com ações. Nesse caso, diga ao amigo que não pode se adaptar em cima da hora à mudança imprevista porque não foi avisada com antecedência. Você pode dizer delicadamente, "eu quero sair com você, mas minha agenda não permite um ajuste agora. Vamos marcar um encontro na semana que vem". Eu sei que é difícil, mas somente mantendo seus limites por meio de ações a maioria das pessoas entenderá que você falou a sério e respeitará tais limites.

OS LIMITES SÃO PARA VOCÊ E PARA A OUTRA PESSOA

Em minhas oficinas, é comum os participantes comentarem seus fracassos para comunicar um limite. Muitas pessoas acham que uma vez que um limite esteja estabelecido, os outros entrarão na linha. Portanto, após estabelecê-lo, a pessoa não age para reforçá-lo. Mas essa inação suscita violações constantes no relacionamento. Você precisa se empenhar para garantir que seus limites sejam respeitados. É sua responsabilidade dar continuidade ao processo.

O maior medo ao fazer isso é como os outros reagirão, então vamos nos preparar para o que pode acontecer.

REAÇÕES COMUNS DAS PESSOAS QUANDO VOCÊ EXPÕE SEUS LIMITES

É importante considerar como as pessoas podem agir, mas não se prenda demais a essas suposições.

Reações comuns aos limites

1. Relutância.
2. Testar seus limites.
3. Ignorá-lo.
4. Racionalizar e questionar.
5. Ficar na defensiva.
6. Término repentino do relacionamento.
7. Punição com silêncio.
8. Aceitação.

Relutância

É comum as pessoas resistirem a mudanças em um relacionamento. Em princípio, isso pode ser confuso, mas se a pessoa o respeita, aceitará essas mudanças. Todos nós crescemos e evoluímos, e isso também deve acontecer nos relacionamentos. A relutância pode ocorrer imediatamente após o estabelecimento de um limite ou algum tempo depois, quando a pessoa decidir por não respeitar esse limite. A relutância é uma manifestação do medo das coisas mudarem e de ter de sair da zona de conforto. Embora "diferente" não signifique ruim, algumas pessoas relutam em lidar com os novos termos no relacionamento.

Talvez após Kim dizer que não podia ajudar na mudança, sua amiga tenha dito, "está bem", como se entendesse. Mas no dia seguinte, ela volta à carga, "você tem certeza que não pode ajudar na mudança? Afinal, é sempre você que me ajuda".

A relutância pode tomar as seguintes formas:

- "Não tenho certeza de que vou poder fazer isso".
- "Isso não é justo".
- "Também preciso de coisas, mas não sou eu que estou obrigando *você* a mudar". *Como lidar com a relutância*

Certifique-se de ter ouvido a preocupação da outra pessoa. Reafirme o limite estabelecido inicialmente. Exemplos:

"Obrigado por dizer, mas insisto no meu pedido".

"Entendo que não goste do meu limite, mas preciso me sentir segura no relacionamento. Ter limites me dá mais segurança".

TESTANDO OS SEUS LIMITES

Crianças pequenas testam muito os limites parentais para ir ganhando independência, mas adultos também fazem isso. Embora saibam seus limites, eles querem ver o quanto você está disposto a ceder. Vamos supor que Kim diga à sua amiga, "não posso ajudá-la na mudança". A amiga então pergunta, "e que tal na semana que vem?", pois está tentando saber se Kim tem alguma flexibilidade. Se disser, "na semana que vem é possível", Kim passa uma mensagem clara à amiga de que o limite é flexível.

Testar seus limites se afigura assim:

- "Eu não sou obrigado a escutá-lo".
- "Volto a falar com você para ver se pode me ajudar".

O que fazer quando testam seus limites

Fale claramente sobre o comportamento que está notando: "Você está testando meus limites". E diga como se sente quando testam seus limites. "Quando você não respeita meus limites, eu me sinto _____". Então, reafirme seu limite. Explicar seu limite permite que as pessoas se oponham às suas necessidades. Em nossas tentativas para fazer os outros se sentirem bem, podemos desistir de estabelecer limites saudáveis. Esclareça seu limite da melhor forma possível sem dar uma explicação nem margem para a outra pessoa retrucar.

IGNORAR LIMITES

Pessoas ignoram limites de maneira passivo-agressiva fingindo que não os escutaram. Mas os limites devem ser respeitados. Quando as pessoas ignoram nossos pedidos, sentimos ressentimento e, no decorrer do tempo, isso corrói o respeito no relacionamento.

Kim diz, "eu não vou conseguir ajudá-la na mudança". Dois dias depois, sua amiga diz, "quando você pode vir me ajudar na mudança neste fim de semana?". Nesse caso, Kim tem poucas opções: reafirmar seu limite, concordar em ajudar a amiga ou não aparecer para ajudar na mudança. Assertivamente, Kim poderia afirmar, "dois dias atrás eu já disse que não poderia ajudá-la nisso". Se ficar temerosa demais para reafirmar seu limite, Kim, provavelmente, acabará ajudando a amiga a se mudar, a qual certamente ignorará a próxima tentativa de Kim de estabelecer um limite.

Como configura-se o processo de ignorar limites

- Apesar de seu limite, as pessoas fazem o que querem.
- Elas agem como se não houvessem entendido bem o limite.

Como lidar com quem ignora seus limites

Reafirme seu limite e peça para a outra pessoa repetir o que você disse. Saliente a importância da mudança que ocorrerá. "Eu também preciso disso em situações futuras". Reaja imediatamente ao notar que alguém está ignorando seu limite. Caso contrário, o limite desaparecerá.

RACIONALIZAR E QUESTIONAR

Se você aceitava comportamentos no passado e agora acha que são inadequados, as pessoas reagirão fazendo perguntas a fim de racionalizar o próprio comportamento como normal.

Nesse cenário, a amiga de Kim reage pressionando: "Por que você não pode me ajudar na mudança? Com certeza, eu faria isso por você". É difícil responder a esse tipo de pergunta e tentador começar a se justificar ou pedir desculpas. Mas é péssimo dizer que sente muito por estabelecer um limite, pois as pessoas tiram proveito da sua flexibilidade. Pense no que é bom para você e não peça desculpas. As pessoas podem questionar por que você não quer mais fazer as coisas que fazia antes. Cabe a você dizer a elas que mudou de ideia ou que as ações que eram habituais não lhe servem mais.

Racionalizar ou questionar se configura assim:

- "Por que você está pedindo que eu mude?"
- "De que serve fazer as coisas de outro jeito agora?"

Como lidar com a racionalização ou o questionamento
Evite dar explicações e diga apenas algo como "é isso que é saudável para mim". Falar demais levará a uma negociação prolongada e desagradável.

DEFENSIVIDADE

Ela ocorre quando as pessoas se sentem atacadas. Usar um fraseado claro ajuda a diminuir a defensividade alheia. No entanto, algumas pessoas reagirão defensivamente não importa o quanto você afirme suas expectativas e desejos. Defensivamente, as pessoas desviarão a questão para você porque não querem dar o braço a torcer.

Nessa situação, a amiga de Kim responde: "Eu não mudo de casa o tempo todo, mas tudo bem se você não quer me ajudar". Pessoas na defensiva não escutam o que você está falando; levam o que você diz para o lado pessoal e articulam uma resposta que tem muito mais a ver com elas do que com você. Elas só estão focadas em ter suas necessidades atendidas e resistem a mudar qualquer coisa na própria dinâmica. Mas relacionamentos saudáveis não são unilaterais. As necessidades dos dois indivíduos são igualmente importantes.

A defensividade se configura assim:

- A pessoa desvia do seu pedido e lhe pede outra coisa.
- Ela explica por que fez alguma coisa.
- Ela o acusa de atacá-la.
- Ela menciona o que você fez no passado para contestar seu pedido.

Como falar com pessoas que estão na defensiva

- Faça afirmações começando com "eu", para salientar que a questão é sua, não sobre as outras pessoas.
- Fale sobre um assunto de cada vez.
- Ao afirmar seu limite, não fale sobre problemas antigos com essa pessoa.
- Use palavras referentes a "sentimentos, como "quando você ____, eu me sinto ____".
- Diga alguma coisa na hora ou logo depois. Não deixe os problemas piorarem ao longo de dias, semanas ou meses.
- Você sabe com quem está lidando. Se não puder conversar pessoalmente, exponha o que pensa em mensagens de texto ou por e-mail. É claro que é melhor ter certas conversas pessoalmente, mas se você não se sentir preparado para isso, use os meios necessários.

TÉRMINO REPENTINO DO RELACIONAMENTO (*GHOSTING*)

Sumir ou cortar o relacionamento sem explicação, o chamado *ghosting*, é uma reação nociva de pessoas passivo-agressivas a limites. Ao invés de expressar sua objeção, elas agem para lhe mostrar como se sentem. O término repentino de um relacionamento acontece imediatamente ou poucos dias após você expor seus desejos e, em geral, é uma forma de punição.

Por exemplo, Kim diz, "eu não vou poder ajudá-la neste fim de semana". Alguns dias depois, como de costume, Kim envia várias mensagens de texto para saber como a amiga está, mas não recebe resposta. Kim tem certeza de que as mensagens foram recebidas porque aparece na tela a marca de que a amiga as leu.

O término repentino de um relacionamento se configura assim:

- Não responder a telefonemas ou mensagens de texto.
- Cancelar planos.

- Manter-se em contato com amigos ou conhecidos de ambos, porém, excluindo você.

COMO LIDAR COM O TÉRMINO REPENTINO DE UM RELACIONAMENTO

Envie uma mensagem de texto ou e-mail bem caprichado mencionando o comportamento que está notando. É provável que a pessoa responda por não querer admitir que está contrariada. Expresse como está se sentindo com esse sumiço repentino e suas preocupações com o relacionamento. Se a resposta demorar alguns dias, reafirme claramente o que sente em razão do término repentino do relacionamento. Se não obtiver resposta, lembre-se de que a reação da pessoa não tem a ver com você e é apenas como ela interpreta a situação.

PUNIÇÃO COM SILÊNCIO

Essa reação passivo-agressiva é menos radical do que o término repentino do relacionamento, mas também magoa. Trata-se de uma forma de puni-lo por tentar estabelecer um limite. Essa pessoa passará a manter distância após você expor sua necessidade. Se você tentar falar com ela só terá respostas monossilábicas como sim ou não. É duro ser o alvo da punição com silêncio. A outra pessoa está presente, mas o ignora.

Se a amiga de Kim usasse a punição com silêncio, aconteceria o seguinte: Kim encontra a amiga na semana seguinte para um almoço marcado anteriormente e a moça não age da forma usual. Ela fica calada e parece preocupada. Kim tenta envolvê-la na conversa, mas a moça fornece respostas monossilábicas.

Como configura-se a punição silenciosa

- Passar horas ou dias sem falar com a outra pessoa.
- Dar respostas curtas a perguntas, para expressar a contrariedade de maneira passivo-agressiva.

Como lidar com a punição silenciosa

Verbalize o que você nota: "Você parece contrariada. Podemos conversar sobre o que eu lhe disse?". Seja claro sobre o que você percebe ser o problema. Desafie o comportamento da outra pessoa. Talvez valha a pena dar uma explicação sobre a razão de ter expressado o limite. "Eu estava sobrecarregada e incapaz de assumir mais um encargo."

ACEITAÇÃO

Aceitação é a maneira saudável de reagir a limites e indica um relacionamento funcional.

Nesse caso, a amiga de Kim diz, "obrigada por me explicar". E assim Kim se safa de ajudar a amiga na mudança. Fica tudo bem entre as duas. Apesar de todo o medo para estabelecer limites, pela minha experiência, sei que a maioria das pessoas aceitará cortesmente seus pedidos. Quando as pessoas reagem de maneira nociva, é um sinal de que os limites já deveriam ter sido colocados há muito tempo e é preciso reavaliar se vale a pena manter o relacionamento.

Provavelmente, os problemas foram ignorados por muito mais tempo do que deveriam. Talvez seu problema seja ser solicitado a fazer coisas, dizer sim e ficar ressentido com a pessoa que sempre está lhe fazendo pedidos. Ou seu problema pode ser deixar alguém lhe dizer coisas que o incomodam. Limites são a cura para a maioria dos problemas de relacionamento. Mas ambas as partes têm de participar e respeitar os limites de cada um.

Limites são a cura.

Sinais de um relacionamento pouco saudável

- Dificuldades em expressar suas necessidades causadas pela recusa da outra pessoa em escutá-lo.
- Recusa da outra pessoa a atender pedidos razoáveis.

- Há abuso emocional, físico ou sexual.
- A maioria das interações, causa tristeza, raiva, esgotamento ou decepção.
- O relacionamento é unilateral; enquanto só você acrescenta, a outra pessoa se aproveita.
- Há falta de confiança no relacionamento.
- A outra pessoa se recusa a mudar alguns comportamentos nocivos.
- A outra pessoa tem um vício que é danoso para você.

Limites se expandem no decorrer do tempo, à medida que nossas necessidades mudam.

ÁREAS QUE REQUEREM LIMITES

Após aprender a identificar problemas com limites, a comunicar suas necessidades e agir de acordo, limites valiosos podem ser acrescentados em vários aspectos de sua vida. Aqui estão as áreas mais problemáticas, as quais exploraremos detalhadamente na segunda parte do livro.

Família

Como você deve saber, os maiores desafios relativos a limites ocorrem na família, especialmente nos relacionamentos entre pais e filhos. Adultos ficam confusos sobre como interagir com seus pais idosos. Mas os pais deveriam respeitar os limites e necessidades dos filhos desde pequenos. É correto uma criança pequena mostrar limites, como não comer carne ou não ficar à vontade com certas pessoas. Pais que respeitam esses limites abrem espaço para que os filhos se sintam seguros e amados, e reforçam o hábito positivo de articular as próprias necessidades. Quando os pais ignoram essas preferências, as crianças se sentem sozinhas, negligenciadas, acham que suas necessidades não importam – e provavelmente terão dificuldades com limites na vida adulta.

Irmãos também podem ter dificuldades com limites quando crescerem. O irmão mais velho pode ser pressionado a assumir certas funções, como cuidar dos irmãos mais novos. Esse papel, porém, pode se tornar desnecessário após o irmão caçula chegar a uma certa idade. Dinâmicas nos relacionamentos entre pais e filhos e irmãos ficam ainda mais complicados quando cônjuges, netos e sogros entram na equação. Vamos dar uma examinada profunda no sistema familiar no Capítulo 10.

Trabalho

Muitas pessoas que atendo em meu consultório trabalham mais de 48 horas por semana. Elas chegam exauridas, frustradas e se sentindo impotentes. Mas trabalhar demais pode ser mais passível de controle do que as pessoas imaginam. Esse problema se deve a limites porosos com seu chefe, sua equipe e seu tempo. Ter limites o ajuda a manter uma harmonia saudável entre o trabalho e a vida pessoal. Quando é incapaz de deixar trabalhos pendentes, de sair do escritório na hora certa ou de se desligar nas férias, você ignora os próprios limites e prejudica seu bem-estar e o de sua família. No Capítulo 13, examinaremos melhor como identificar e resolver esses problemas no ambiente de trabalho.

Namoro

Problemas com limites em namoros, muitas vezes, surgem pelo não cumprimento das promessas feitas. Um exemplo é concordar com certas coisas no início e passar a discordar delas à medida que o tempo passa. Em última instância, isso significa não cumprir suas promessas. Se seu comportamento está se transformando, verbalize por que isso está acontecendo. Seja claro e diga algo como "deixarei de enviar muitas mensagens de texto durante o expediente porque agora tenho um novo chefe e quero dar uma boa impressão".

Problemas com limites também derivam ter muitas expectativas não verbalizadas em relação à outra pessoa. Quando se trata de amor, todos nós queremos que o companheiro ou companheira leia nossas mentes e saiba tudo o que queremos sem ser preciso pedir. Mas essa expectativa é inviável!

Ser sincero e direto (se possível, desde o início) sobre o que você espera e o que pode oferecer te poupará e o seu companheiro ou companheira de muitas mágoas e discussões. Em um relacionamento duradouro, limites serão redefinidos à medida que cada um muda e a relação evolui. Isso se aplica especialmente a momentos de transição, como começar a morar juntos, se casar e ter filhos. A boa nova é que os limites, quer tenham sido expressados no início ou após anos de convivência, podem conectar vocês dois de uma nova maneira e abrir espaço para a comunicação aberta e assertiva. Voltaremos ao romance no Capítulo 11.

Amizades

Todos nós temos ou já tivemos amizades tóxicas. Certo dia, você para e questiona, "por que mantenho a amizade com essa pessoa? Ela sempre ____". (Preencha o espaço em branco: "me decepciona", "exige demais de mim", "faz eu me sentir culpado", "fura os planos" e por aí em diante.) Amizades doentias derivam de limites nocivos. Amizades nas quais você sente que dá mais do que recebe são danosas. Interações com amigos que frequentemente descambam para discussões são danosas.

Amigos são como parentes que você escolheu e devem trazer tranquilidade, conforto, apoio e diversão para sua vida – não drama demais. No Capítulo 12, faremos a distinção entre amizade saudável e amizade doentia, e examinar o que nos impede de ter amizades saudáveis. Exploraremos também como mudar ou terminar uma amizade tóxica.

Tecnologia

Adultos e adolescentes estão tendo níveis mais altos de ansiedade e depressão em virtude do *medo de ficar por fora* (FOMO, na sigla em inglês) e a jogos de comparação instigados pelas redes sociais. A infidelidade está aumentando em razão do uso inadequado de aplicativos e redes sociais. A tecnologia traz novos desafios interpessoais para a humanidade –, mas nem todos são positivos.

No entanto, a tecnologia continuará avançando rapidamente, o que requer ter limites firmes para proteger sua felicidade e os relacionamentos. É necessário determinar até que ponto expandirá seus limites para incluir a tecnologia em sua vida. Estabelecer limites com dispositivos eletrônicos é crucial para os relacionamentos e o sistema familiar, especialmente em relação às crianças. No Capítulo 14, examinaremos melhor os limites no uso de tecnologia.

Os problemas de Kim ocorrem em razão da dificuldade de dizer não, mas os limites podem nos ajudar muito de outras maneiras.

Exercício

Pegue seu caderno ou uma folha de papel para fazer o exercício a seguir.

- Pense em um momento em que alguém lhe disse não. Qual foi sua reação? Ela poderia ter sido mais saudável?
- Pense em um momento em que gostaria de ter dito "não", mas desistiu. Como este limite poderia ter sido expresso?
- Como as pessoas em sua vida reagiriam aos seus limites? Essa conclusão se baseia em fatos ou em suposições? O que houve em seu passado que o faz pensar assim?
- Onde te faltam limites agora? Liste três lugares ou relacionamentos nos quais gostaria de estabelecer um novo limite.

Para descobrir se seus limites são porosos, rígidos ou saudáveis, responda ao *Questionário de Autoavaliação* na página 271.

2

O CUSTO DE NÃO TER LIMITES SAUDÁVEIS

É MELHOR TER UM INCÔMODO PASSAGEIRO DO QUE UM RESSENTIMENTO DURADOURO.

— BRENÉ BROWN

❋

Erica achava que tinha de ser incansável no trabalho, uma ótima amiga e uma mãe imbatível – tudo isso com a aparência de quem dormia 8 horas por noite, o que não era verdade. Ela trabalhava 40 horas por semana como contadora e criava sozinhas as duas filhas de 7 e 9 anos. Quando não estava no trabalho, Erica levava as meninas de carro para as atividades. A mais velha jogava futebol, a caçula fazia aulas de dança, e ambas eram escoteiras ativas, além de ter aulas de reforço com professores particulares.

O pai das meninas só dava apoio financeiro e não auxiliava a mãe a tomar conta delas, mas Erica continuava determinada a lhes proporcionar a melhor vida possível.

Sua perspectiva sobre a maternidade era baseada no fato de que as outras mães em seu entorno pareciam fazer tudo sem precisar de ajuda. Então, ao terminar a faculdade, ela achou normal ir morar a 1.287 quilômetros de distância de sua família.

Este ano, porém, durante a temporada de declaração do imposto de renda, ela começou a fraquejar. Os longos dias e noites e as expectativas começaram a pesar. Lavar, enxugar e guardar a louça toda noite deram lugar à louça empilhada na pia. Sua rotina de lavar um lote de roupas por dia deu lugar a uma pilha de roupas sujas acumulada em duas semanas. Ela começou a se distrair com as redes sociais no celular e a chegar atrasada em todos os lugares. As crianças comiam refeições rápidas ou pratos congelados, pois Erica não se preocupava mais em prover uma dieta balanceada. Sem planejar, Erica *entrou em greve*.

A uma certa altura, ela pensou, "dane-se. Como imaginei que conseguiria ser uma funcionária e mãe fantástica ao mesmo tempo?". Como não dava mais conta de tudo, ela fazia o mínimo possível em casa e raramente via os amigos. Quando as meninas tentavam falar sobre as mudanças em casa, ela negava que havia um problema. Então, por alguns dias, ela retomava o velho ritmo de limpar, cozinhar e levar as crianças para as atividades, mas inevitavelmente regredia de novo.

Erica, então, começou a fazer terapia por insistência dos amigos que constataram seu esgotamento. Embora ciente de que passava horas nas redes sociais e havia se isolado mais, ela questionava se estava mesmo tendo um *burnout*. Afinal de contas, tudo ia bem no trabalho. Mas ela notou que o trabalho lhe rendia apoio e elogios, já que as expectativas eram razoáveis. Em casa, porém, suas tarefas eram monótonas, nunca tinham fim e ninguém a agradecia. Ela não tinha ferramentas para se defender em casa como tinha no trabalho, nem um sistema de apoio para descarregar suas frustrações. E achava que nunca conseguiria estar à altura de suas expectativas anteriores de ser uma *boa* mãe.

Erica tinha de criar expectativas realistas para seu papel de mãe, o que significava estabelecer limites saudáveis.

Quando comecei a tratá-la, ela falou sobre suas fantasias de fugir e deixar tudo para trás. Obviamente, ela amava as crianças, mas tudo era muito exaustivo. Ela estava frustrada por não contar com o ex-companheiro e ter de pedir a ele que buscasse as meninas na escola ou nas atividades. Erica ansiava por uma vida bem equilibrada para as filhas, mas estava ressentida por ser a única pessoa responsável por isso.

Em meu consultório, Erica contou que nunca ouvira as amigas falarem sobre a maternidade de maneira tão negativa, então, sentia--se ingrata. Ela sempre quisera ser mãe, sendo assim, não entendia por que não tinha mais prazer com isso. "Quanto mais as meninas crescem, mais eu me afasto", disse ela. "A uma certa altura, percebi que a maternidade nunca termina." Dar espaço a Erica para falar abertamente permitiu que ela fosse sincera sobre os sentimentos que estava evitando.

Durante uma sessão, ela teve um momento de iluminação e percebeu que sua raiva do ex-companheiro estava sendo redirecionada para as crianças. Essa descoberta emocional a levou a dar pequenos passos para ficar mais focada em casa. Ao invés de reclamar da falta de ajuda, ela contratou uma faxineira para vir algumas vezes por mês. Pediu às suas amigas que ficassem com as meninas por algumas horas, para ela ficar um pouco sozinha. Começou a delegar algumas tarefas para as meninas, de modo a não carregar sozinha todo o fardo doméstico. E começou a melhorar do esgotamento abrindo mão da necessidade de ser exemplar em tudo e pedindo ajuda quando necessário.

O QUE PODE ACONTECER QUANDO EVITAMOS IMPOR LIMITES

Síndrome de Burnout

O *burnout* é devastador, mas tem cura: basta impor limites. Ele acontece quando as pessoas ficam emocionalmente, mentalmente ou fisicamente exauridas. Em muitos casos, como o de Erica, ele leva à frustração crônica, à negligência nos deveres, à melancolia e à fuga de algumas situações. Um artigo publicado no site *Harvard Gazette* revelou que os custos do *burnout* para o sistema de saúde chegam a US$ 4,6 bilhões por ano. Em consequência, médicos cometem erros graves, não diagnosticam doenças corretamente, receitam os medicamentos errados e deixam de notar detalhes fundamentais.

Segundo Emily Nagoski e Amelia Nagoski, autoras de *Burnout: The Secret to Unlocking the Stress Cycle*, o *burnout* é causado pelo estresse, que elas descrevem como "uma mudança neurológica e

fisiológica que ocorre quando a pessoa se depara com gatilhos".
O *burnout* é causado por:

- Não saber quando dizer não.
- Não saber como dizer não.
- Priorizar os outros em detrimento de si mesmo.
- Tentar o tempo todo agradar aos outros.
- Síndrome de super-herói ("Consigo fazer tudo").
- Expectativas irrealistas.
- Não obter reconhecimento por aquilo que você faz.

VAMOS EXAMINAR ESSES ASPECTOS NO CASO DE ERICA

Não saber quando dizer não

Apesar de saber que a temporada mais agitada no trabalho estava próxima, Erica não se preparou corretamente e quis continuar funcionando no mesmo ritmo que tinha durante as épocas normais. Ela até acrescentou outra atividade à rotina das crianças justamente nessa época. Sem apoio adicional, Erica precisaria:

aprontar-se e também as crianças,
levá-las à escola,
trabalhar das 9h às 17h,
buscar as meninas na escola,
levá-las às atividades,
preparar o jantar,
limpar a casa,
ajudar nas tarefas de casa,
aprontar as meninas para dormirem,
adiantar coisas para o trabalho,
preparar-se para o dia seguinte e
dormir cinco ou seis horas.

E, no dia seguinte, tinha de fazer tudo isso novamente.

Limite sugerido

A maioria dos pais quer que os filhos sejam bem preparados e equilibrados, mas isso não deve acabar com a sanidade parental. Erica poderia perguntar a outros pais na vizinhança se havia um sistema de caronas solidárias. Ela também poderia aliviar seu fardo inscrevendo as meninas em apenas uma atividade por semestre.

Não saber como dizer não

É dificílimo dizer "não", especialmente quando queremos fazer tudo. Erica teve de aprender que está tudo bem não fazer tudo e a não incutir nas filhas a mania de fazer tudo.

Limite sugerido

Ao invés de aceitar todas as atividades extracurriculares, Erica poderia esperar um semestre para ver se as meninas ainda estavam interessadas. Tendo tempo disponível, as crianças podem refletir sobre suas opções. A possibilidade de experimentar tudo não garante que as crianças se tornem boas em certas atividades.

Priorizar os outros em detrimento de si mesmo

A lista de afazeres diários de Erica não incluía coisa alguma para relaxar ou se reconectar consigo mesma. O trabalho, a casa e as crianças eram o foco de seus dias. *Ela* estava totalmente ausente da própria lista.

Erica poderia ter tempo para si diariamente, adotando uma rotina matinal rápida. Por exemplo:

- Fazer um alongamento ao acordar (dois minutos).
- Meditar ou ficar sentada em silêncio (dois minutos).
- Ler alguma coisa inspiradora (dois minutos).

- Anotar pensamentos e uma coisa pela qual deveria ser grata (dois a três minutos).
- Recitar uma afirmação ou intenção positiva para o dia (um minuto).

Repetir esse plano antes de dormir também seria útil. Seguir uma rotina de manhã e à noite faria Erica ter tempo para se conectar consigo mesma diariamente.

Pessoas que tentam agradar a todos

Erica queria agradar a muitas pessoas – suas filhas, chefe e os amigos. Queria ser uma mãe melhor do que sua mãe havia sido para ela. Mas, ao tentar agradar a todos, sobrava pouca energia para cuidar de si mesma.

Limite sugerido

Eu sugeri que Erica começasse a questionar "por que isso é importante para mim?" e a fazer apenas o que de fato fosse essencial. Às vezes, nós fazemos coisas que não são importantes para nós, mas que achamos que passam uma imagem de "bom pai ou mãe" ou de "pessoa que dá conta de tudo".

Síndrome de super-herói (consigo fazer tudo)

Ninguém tem tamanha capacidade e acreditar no contrário leva ao *burnout*. No caso de Erica, ela via as mães influenciadoras digitais que postavam fotos lindas com seus bebês bem vestidos. Durante muito tempo, ela acreditou ser possível fazer tudo e ainda preparar refeições bem elaboradas diariamente. Ela não tinha ideia da batalha da mulher comum para administrar o trabalho, a vida e os relacionamentos, embora estivesse justamente passando por isso.

Limite sugerido

Pare de seguir pessoas nas redes sociais que dão a impressão de que sempre têm tudo sob controle. Conecte-se mais com mães que são sinceras sobre as dificuldades da vida cotidiana e compartilham maneiras de gerir o estresse.

Expectativas irrealistas

Erica lavava muita roupa todo dia, preparava o jantar, levava as crianças de carro para vários lugares e trabalhava cada vez mais. Suas expectativas não eram razoáveis, realistas nem sustentáveis. Eu sugeri que ela se questionasse: *Estou atendendo às expectativas de quem? Minhas filhas acham que eu vou dizer sim a todos os seus pedidos? Minha família precisa de receitas que requerem uma hora de preparo todas as noites?* Então, ela cogitou que suas expectativas fossem irracionais. Expectativas realistas não levam ao estresse.

Limite sugerido

Erica assumia tarefas que não tinha obrigação de fazer. Ela passou a ficar disposta a pedir ou contratar ajuda, de modo que poderia fazer menos e delegar mais. É impossível fabricar mais tempo, mas podemos fazer menos, delegar ou pedir ajuda.

Não obter reconhecimento pelo que você faz

O *burnout* de Erica não se estendeu ao trabalho, porque lá seus esforços eram reconhecidos e ela se sentia valorizada. Isso a incentivava a dar o máximo em sua função. Em casa, porém, os esforços de Erica não eram elogiados.

Limite sugerido

Diga às pessoas o que você precisa. Erica ficou ciente de que precisa de retorno positivo e afirmação. Dizer isso à sua família poderia lhe dar o empurrão necessário para melhorar.

Aqui estão outras causas comuns do *burnout*:

Causas do *Burnout*

- Escutar pessoas se queixarem constantemente das mesmas coisas.
- Dar o melhor de si e ter pouco reconhecimento.
- Dar conselhos a pessoas que não valorizam sua devolutiva.
- Dialogar com pessoas que descarregam um fardo emocional em você.
- Fazer coisas que o deixam infeliz.
- Falta de equilíbrio (harmonia) em seus papéis e deveres.
- Ter expectativas altas no trabalho, em casa ou nos relacionamentos.
- Ter uma pulsão constante de controlar situações fora de seu alcance.

SAÚDE MENTAL E LIMITES

Problemas de saúde mental não causam a incapacidade de dizer não, ser assertivo e se defender, mas podem exacerbá-la. Um desses problemas, por exemplo, é ruminar, ou seja, ficar obcecado com os mesmos pensamentos. Pensar o tempo todo sobre como os outros podem reagir é uma ruminação que impacta a capacidade de agir. Problemas com limites são mais evidentes quando há os seguintes problemas de saúde mental.

Ansiedade

Em geral, as pessoas buscam terapia em virtude da ansiedade e/ou depressão. Segundo a *Anxiety and Depression Association of America*, 40 milhões de adultos estadunidenses foram diagnosticados com ansiedade e cerca de 20 milhões com depressão. Muitas pessoas são diagnosticadas com ambas.

Vamos abordar, em princípio, a ansiedade. Ela é desencadeada quando a pessoa tem expectativas irrealistas, é incapaz de ser assertiva e dizer não, e quer agradar a todos. Quando pessoas com ansiedade me procuram, nós começamos a dissecar diversos aspectos de suas vidas e a buscar maneiras de reduzir os gatilhos que as deixam ansiosas.

Pela minha experiência com os clientes, posso afirmar que o maior gatilho para a ansiedade é a incapacidade de dizer não. Então, tratar pessoas com ansiedade envolve ajudá-las a estabelecer limites.

Dizer não é a maneira mais óbvia de estabelecer um limite. Mas, para não ser desagradável ou contrariar alguém, muitas vezes, concordamos com coisas que não queremos, inclusive sem ter tempo ou saber como fazê-las.

Então, ficamos ansiosos por ter assumido tantos encargos e preocupados em dar conta de tudo corretamente. Essas preocupações inundam o cérebro e sentimos ansiedade. Portanto, estabelecer um limite sobre o que somos, razoavelmente, capazes e estamos dispostos a fazer é uma maneira de gerir os gatilhos da ansiedade.

Expectativas irrealistas sobre si mesmo e os outros também podem desencadear ansiedade. Às vezes, as expectativas são geradas ao se comparar com outras pessoas ou derivam de normas culturais, da família ou de seus amigos. Se a sua ansiedade que se apresenta com frequência, reflita se uma expectativa é razoável ou não. Para determinar se suas expectativas são razoáveis, considere os pontos a seguir:

1. Estou tentando atingir o padrão de quem?
2. Tenho tempo para me comprometer com isso?
3. Qual é a pior coisa que pode acontecer se eu não fizer isso?
4. Como posso respeitar meus limites nessa situação?

Para pessoas com ansiedade crônica, o maior desafio nesse processo é vencer o medo do que os outros vão pensar. Quando estão ansiosas, as pessoas imaginam cenários pessimistas com resultados adversos, caso tentem impor um limite. "Se eu disser não, elas vão dizer que sou egoísta e me abandonar", por exemplo.

Embora o pior caso seja o menos provável, é exatamente isso que você tenta evitar quando está ansioso. Mas o fato é que o pior resultado possível é evitar limites. Dizer não aos outros lhe permite dizer sim para si mesmo ou para as coisas que você realmente quer.

Afirmações para pessoas afetadas pela ansiedade:

"É meu direito ter expectativas".

"Em relacionamentos saudáveis, meus desejos serão reconhecidos e aceitos".

"Após eu estabelecer limites, as pessoas continuarão se relacionando comigo".

"Embora sinta desconforto, eu consigo estabelecer padrões".

Vejamos agora como os limites impactam a depressão.

Depressão

A depressão tem muito a ver com a falta de esperança. Então, meu trabalho com clientes deprimidos envolve empoderá-los para que acreditem em si mesmos. Assim que conseguem fazer isso, suas vidas melhoram. Uma das maneiras de lhes infundir esperança é ensiná-los a estabelecer limites simples, como pedir a uma pessoa que respeite alguma regra pequena. Nós começamos com pequenos passos.

Digo a um cliente, por exemplo, "prometa para si mesmo que da próxima vez que estiver em um restaurante e errarem seu pedido, você solicitará a troca.". Pode parecer trivial começar estabelecendo um limite simples com um desconhecido, mas quando as pessoas têm depressão, dificilmente se defendem em qualquer situação. Quando executam essa incumbência, meus clientes com depressão entendem como um pedido pode ser respeitado. A partir disso nós começamos a trabalhar com pedidos mais desafiadores.

Exemplos de limites menos danosos

- Aceitar que levem suas compras até seu carro na mercearia.
- Corrigir as pessoas quando falam seu nome errado.
- Pedir ajuda para localizar produtos no supermercado, ao invés de perder tempo tentando achá-los sozinho.
- Fazer perguntas, ao invés de supor que já sabe a resposta.

Caso tenha depressão, é útil estabelecer limites para a quantidade de coisas que espera fazer em cada dia. Se incluir tarefas demais em sua lista, mas não ficar motivado a cumpri-las, acabará se sentindo culpado. A depressão aumentará caso não finalize nenhuma das tarefas que começou. Então, valorize as pequenas vitórias, como tomar banho no fim de semana, ir à academia ou sair com os amigos.

Afirmações para pessoas que têm depressão:

"Pouco a pouco, estou conseguindo cumprir as pequenas promessas feitas para mim mesmo".
"Pequenas vitórias são grandes progressos".
"É melhor fazer uma coisa do que nada".

Transtorno de Personalidade Dependente (TPD)

O TPD se caracteriza pela incapacidade de ficar sozinho. Uma pessoa com TPD se sente desamparada sem a ajuda alheia e não dá espaço para limites nos relacionamentos. Constantemente, ela quer atenção, conselhos e o amparo dos outros. Depender tanto do retorno contínuo dos outros para tomar decisões prejudica os relacionamentos.

Transtorno de Personalidade Borderline (TPB)

Pessoas com TPB têm apegos nocivos em seus relacionamentos, que geralmente são instáveis, pois personalizam exageradamente as interações, fazendo suposições e reagindo em excesso. Outra característica é sua falta de limites, pois não distinguem bem entre si e os outros. A separação entre elas e as outras pessoas é indistinta.

ALÉM DISSO, PESSOAS QUE usam substâncias psicoativas, têm transtornos psicóticos ou distúrbios alimentares geralmente sentem dificuldades com limites.
Vamos dar uma olhada nesses problemas que ocorrem nos relacionamentos consigo mesmos e com os outros.

COMO SÃO OS RELACIONAMENTOS SEM LIMITES

Carlos se considerava um bom amigo. Quando o seu companheiro de quarto pediu seu carro emprestado, imediatamente disse sim, pois confiava no rapaz.

Mas, quando o rapaz voltou, Carlos imediatamente sentiu cheiro de cigarro no carro e viu que a gasolina estava no fim. "Que tipo de pessoa fuma no carro alheio e deixa o tanque quase vazio?", pensou. Ele ficou decepcionado ao constatar que seu companheiro de quarto ignorou suas expectativas não verbalizadas.

Não é fácil comunicar limites, mas sem isso, estamos fadados a sofrer por muito tempo. É impossível ter um relacionamento saudável sem dizer à outra pessoa o que é aceitável ou inaceitável. Se não agirmos com proatividade em relação a isso, certamente a outra pessoa estabelecerá limites nos obrigando a seguir apenas as suas regras.

No Capítulo 6, vou lhe mostrar como comunicar limites claramente, caso não exponha seus limites, possivelmente as pessoas não adivinharão. As pessoas não podem seguir um padrão que nunca expressamos. Regras não verbalizadas não são limites.

Regras não verbalizadas não são limites.

Limites não verbalizados são invisíveis e geram pensamentos como "eles deveriam saber que..." ou "o bom-senso diria que...". No entanto, o bom-senso é baseado em nossas experiências de vida e não é igual para todo mundo. Portanto, é fundamental comunicar, ao invés de supor que as pessoas estejam cientes de nossas expectativas nos relacionamentos. Nós devemos informar aos outros quais são os nossos limites e assumir a responsabilidade de mantê-los.

Relacionamentos com potencial para ser saudáveis, muitas vezes, se tornam nocivos em razão de limites porosos ou rígidos. Se não deixarmos os limites bem claros, damos liberdade demasiada aos outros. Esses cenários geram relacionamentos unilaterais, nos quais uma pessoa faz a maior parte do trabalho para manter o relacionamento.

Contudo, relacionamentos saudáveis implicam duas pessoas que se apoiam mutuamente, ao passo que relacionamentos unilaterais só são apropriados na dinâmica entre pais e filhos.

Resumindo, relacionamentos sem limites são disfuncionais, irracionais e difíceis de administrar. Eles funcionam com base na suposição de que alguma coisa "mágica" acontecerá para melhorá-lo. Mas é absurdo esperar que nossos relacionamentos mudem do nada.

Sem limites nos relacionamentos, também é impossível ter práticas saudáveis de autocuidado. Na realidade, a maioria das pessoas sem limites saudáveis acha que regras não verbalizadas não são limites e que é egoísmo manter o autocuidado. E, quando tentam se cuidar, acham que prejudicarão a outra pessoa. O autocuidado gera um sentimento de culpa, pois acham que os outros irão se desintegrar sem sua ajuda.

Nesses tipos de relacionamentos, assumimos o papel de socorrista, pois vivemos preocupados com a outra pessoa achando que ela não consegue se cuidar sozinha. Nossa atenção fica multifocada porque estamos constantemente tentando equilibrar as necessidades alheias com as nossas. Até quando tentamos ter autofoco, ainda tendemos a focar nos outros e basear nossas decisões no que as outras pessoas possam pensar.

Sem limites, os relacionamentos geralmente acabam ou cansamos de ser maltratados. Às vezes, toleramos maus-tratos por tanto tempo que chega a hora de dar um basta. Então, como nunca comunicamos claramente nossa infelicidade, a outra pessoa fica chocada ao descobrir o quanto sofremos.

Quando somos realmente claros sobre nossas expectativas dizendo "eu preciso que você ____", pelo menos descobrimos se a pessoa está disposta a respeitar o que precisamos e queremos.

Em seus relacionamentos, as pessoas sabem claramente como você quer ser tratado? Como você mesmo se trata? As pessoas aprendem muito sobre as outras ao observar como elas se cuidam. Elas podem constatar sua falta de autoestima ou carência em virtude do modo com que você fala sobre si mesmo e se comporta. Seja bondoso consigo mesmo porque as pessoas em sua vida estão observando. Obviamente, isso não significa que as pessoas tenham o direito de ser más.

SENTIMENTOS COMUNS QUANDO NÃO IMPOMOS LIMITES

Quando diz sim querendo dizer não, algo "se retorce" em seu corpo. Quando permite que as pessoas se aproveitem de você, seu corpo sinaliza que há algo errado. Quando cede aos outros de má vontade, seu corpo se ressente.

Então, preste atenção em seu corpo, pois ele lhe dirá quando é hora de impor limites – por meio do suspiro antes de atender ao telefone, do desejo de evitar certas pessoas ou de sua relutância para dizer sim. Retesamento na barriga, dor no ombro, no pescoço ou na têmpora também podem ser sentidos. Ao se tornar mais ciente de seus sinais corporais, a frequência com que abre mão de suas necessidades para cuidar ou agradar aos outros ficará clara.

Quando não impõem limites, as pessoas comumente sentem ressentimento, raiva e frustração. Aqui estão algumas causas comuns dessas emoções nos relacionamentos:

- Não se sentir ouvido.
- Estabelecer um limite, mas não obter o resultado desejado.
- Comprometer-se com projetos que não quer fazer.
- Sentir-se usado.
- Evitar estabelecer limites.

Vamos analisar melhor essas emoções.

Ressentimento

No fundo, o ressentimento é decepção mesclada com raiva e medo. Como é incômodo admitir e expressar o ressentimento, muitas pessoas negam senti-lo, mas o expressam de maneira passivo-agressiva. Ao invés de admitir "estou ressentida", elas insinuam isso por meio de conversas sucintas e evasivas, evitam encontrar a pessoa que as contrariou ou minimizam o impacto do comportamento ofensivo. E também supõem que a outra pessoa deveria adivinhar por que elas estão aborrecidas.

Raiva

A raiva é um sentimento internalizado ou externalizado de hostilidade ou irritação. Quando ela é internalizada, as pessoas com limites doentios partem para ruminações negativas, autossabotagem, autoculpabilização ou baixa autoestima. Ao invés de responsabilizar os outros, a raiva se torna um problema interno, muitas vezes, gerando ansiedade, depressão ou outros problemas de saúde mental.

A raiva dos outros se afigura como culpar sem admitir sua parcela pessoal, acessos de raiva (gritar, praguejar, xingar, chorar, quebrar coisas e cometer abuso verbal) ou uma apatia em relação aos outros. Tanto a raiva internalizada quanto a externalizada impacta negativamente os relacionamentos.

Frustração

A frustração surge quando não conseguimos atingir uma meta ou ter uma necessidade atendida – quando tentamos alguma coisa e sentimos que falhamos. Por exemplo, vamos supor que criamos coragem, estabelecemos um limite e comunicamos este limite, mas a outra pessoa não o respeitou. Certamente, isso causa frustração. Quando ficamos frustrados após expor nossas expectativas, nós dizemos coisas como "ela nunca me ouve mesmo" ou "eu já tentei isso e não funcionou". A frustração leva à perda de esperança e de motivação.

Mas sentir-se frustrado não é razão para parar de tentar estabelecer limites, o que requer perseverança. Há muitas razões para a imposição de limites não dar certo. Aqui estão algumas:

- A outra pessoa não estava preparada para ouvi-lo.

- O que você disse foi mal compreendido, pois você não agiu de acordo com o limite que impôs.
- Você desrespeitou os limites que fixou, então as pessoas acharam que você não falou sério.
- Você fez um pedido, mas não estipulou um limite.

Seja lá qual for a razão, tente novamente e não permita que a frustração o impeça de ter suas necessidades atendidas.

COISAS QUE FAZEMOS PARA EVITAR IMPOR LIMITES

Afastamento

"Eu simplesmente me afastei para que eles parassem de me pedir para fazer coisas". Frequentemente, os clientes dizem isso em meu consultório. Pode parecer uma solução fácil culpar a outra pessoa e manter distância física, mas quase que certamente os mesmos problemas com limites se repetirão em outros relacionamentos. Ademais, a tecnologia aumentou a tentação de oferecer apoio emocional e financeiro para pessoas que estão distantes. Nós podemos telefonar, conversar e mandar mensagens de texto sem custos exorbitantes e, dependendo de para onde nos mudamos, a outra pessoa pode nos visitar rapidamente. A distância nem sempre resolve o problema, então, uma mudança geográfica simplesmente não é a resposta. É preciso haver uma mudança mental e comportamental para que nos alinhemos com aquilo que dizemos que precisamos.

A verdade é que, a menos que você aprenda a verbalizar, limites pouco saudáveis vão te seguir onde você estiver.

Fofocar

Fofocar significa:

- Falar mal das pessoas, a fim de prejudicá-las.
- Fazer comentários pelas costas da pessoa em pauta.

Ao invés de estabelecer um limite direto, muitas vezes, fofocamos para descarregar nossas frustrações. Mas fofocar só gera mais ressentimento, pois não melhora o relacionamento nem dá fim ao comportamento que nos incomoda.

Reclamar

Reclamar com os outros não resolve nossos limites doentios. Semelhante a fofocar, essa é outra maneira de descarregar a frustração. No entanto, ao reclamar, geralmente fazemos o papel de vítima, dizendo coisas como "por que todo mundo espera tanto de mim? Meu marido sabe que eu preciso de ajuda, mas não a oferece. Eu não entendo por que as pessoas não podem fazer coisas por conta própria".

Além de não ser a solução, reclamar, assim como fofocar, aumenta o ressentimento. Ao expor nossas queixas, ficamos mais frustrados e aborrecidos, pois reforçamos a crença de que os outros estão fazendo coisas ruins para nós. Nós não paramos para avaliar que, ao não estabelecer limites claros, estamos permitindo que essas coisas aconteçam.

Fuga

Quando comprei um carro novo, não pretendia emprestá-lo e achei que me esquivando do assunto, ninguém faria esse pedido. Mas aí as pessoas começaram a pedir que eu lhes desse carona para vários lugares. Por não impor um limite, eu criei um novo problema.

Nada é fácil nesse tipo de conversa. Por não querer magoar ninguém, permitimos que os problemas piorem e, inevitavelmente, ficamos ressentidos, frustrados ou com raiva. Nós esperamos que as pessoas acabem entendendo o sentido do nosso comportamento esquivo e também mudem sua conduta.

Por exemplo, nos tempos da faculdade perdi o interesse por um rapaz com quem eu estava namorando. Ele continuava telefonando e eu raramente atendia, achando que ele acabaria entendendo e desistindo de telefonar. Quando atendia, dava desculpas como "por conta do trabalho e da faculdade, estou sem tempo para sair" e "preciso fazer a tarefa de casa". A verdade era que eu simplesmente não gostava dele.

Após algumas semanas, não aguentei mais a situação. Quando ele telefonou, eu disse, "não gosto de você da mesma maneira que você gosta de mim. Então, é melhor você parar de me telefonar". Adivinhe o que aconteceu... Ele desistiu de mim. Então, parei de me aborrecer toda vez que o telefone tocava e ele ficou livre para telefonar para alguém que estivesse realmente interessada nele. Todo mundo ficou feliz.

A fuga não foi uma estratégia eficaz para mim nem será para você. Da maneira mais gentil possível, diga "não, obrigada, isso não funciona para mim e não estou interessada". Ou, "não, não vou lhe emprestar meu carro". Não perca seu tempo e o das outras pessoas esperando que elas adivinhem o que se passa na sua cabeça.

Cancelamento

Cancelamento é quando você se desliga abruptamente (às vezes, sem explicação) de outra pessoa. Antes de cancelar pessoas, pergunte a si mesmo:

1. A outra pessoa estava ciente dos meus problemas no relacionamento?
2. Eu tentei estabelecer um limite?
3. Eu mantive meu limite e botei a culpa na outra pessoa?

Partimos para o cancelamento quando acreditamos que a outra pessoa é incapaz de mudar e de respeitar nossos limites, mas deixamos as coisas irem longe demais a ponto de perder o interesse em restaurar o relacionamento. Cancelar pessoas pode parecer uma maneira fácil de resolver problemas de relacionamento, mas é imperativo estabelecer limites para ter relacionamentos saudáveis.

Defina Limites e Encontre a Paz

> ### *Exercício*
>
> Este capítulo começou com o relato sobre a *Síndrome Burnout* de Erica. Durante um retiro, aprendi uma atividade que partilho com meus clientes e muitos acham isso útil. O exercício "O Que Há em Sua Agenda?" é uma maneira construtiva para identificar o que você já tem na sua agenda antes de aceitar mais encargos.
>
> Em outra folha de papel, anote todos os deveres, atividades e responsabilidades ligados a seus vários papéis na vida. Na caixa a seguir, ponha um símbolo ao lado de cada item. (Alguns podem requerer mais de um símbolo.)
>
> ☺ Coisas prazerosas
> ⏱ Mais tempo
> ★ A maior parte do tempo
> ✔ Dá muita energia
> **1** Para você
> **2** Para os outros
>
> Após concluir a atividade, pergunte a si mesmo:
>
> - Alguma coisa na lista o surpreendeu?
> - O que está faltando na sua lista?
> - O que você tem de eliminar para passar mais tempo fazendo as coisas que lhe dão prazer?

No próximo capítulo, veremos por que toleramos problemas com limites, por que é tão difícil estabelecer limites e como traumas e negligência na infância tornam esse processo tão desafiador para nós.

3

POR QUE NÃO TEMOS LIMITES SAUDÁVEIS?

Limites são a chave para relacionamentos mais saudáveis.

"Agora você é o homem da casa", disse a mãe de Justin após se divorciar do marido. Ele tinha apenas 12 anos e se sentiu repentinamente responsável por seus irmãos mais novos, Justin começou a cuidar deles após a escola, a preparar o jantar e a ajudá-los na hora de ir para a cama. Ele até os levava junto quando saía com os amigos.

A mãe de Justin era muito ausente física e emocionalmente. Quando não estava trabalhando, entregava-se à depressão por conta do divórcio. O pai de Justin fora morar em outro lugar e estava namorando uma mulher que tinha filhos. Então, embora ainda fosse criança, Justin se tornou o cuidador e pilar emocional de sua família.

Sua mãe lhe pedia opinião sobre como cuidar das outras crianças. Ela chorava e expunha para ele suas emoções em relação ao divórcio. Entre seus pares, Justin era considerado "maduro" para sua idade. Como o achavam sábio, os garotos sempre se abriam com ele.

Quando me procurou, Justin tinha 29 anos e ainda estava muito envolvido em cuidar dos irmãos. Na realidade, a maioria das pessoas em sua vida recorria a ele. Seus amigos contavam com seus conselhos sensatos, seus pais sempre telefonavam quando havia um problema com os outros filhos e seus irmãos dependiam de seu apoio financeiro e emocional. Aos 29 anos, ele estava cansado de sempre desempenhar o papel de solucionador de problemas, mas não enxergava uma saída. Afinal de contas, *todo mundo precisava dele*.

O padrão afetou até seus relacionamentos românticos, pois ele achava que invariavelmente as namoradas precisariam de ajuda. Seu relacionamento mais longo durou nove meses, mas assim que a garota deixou de precisar dele, o relacionamento murchou rapidamente. Ele estava ciente de que atraía pessoas carentes e, mesmo não gostando especialmente de ajudar os outros, encarava isso como um dever.

Como se doava constantemente aos outros, Justin nunca pedia ajuda. Autossuficiente e autoconfiante, o sentimento de desamparo o incomodava e não gostava quando alguma namorada tentava fazer algo agradável para ele. Embora quisesse se casar e ter filhos, era um desafio se apegar a outras pessoas além da família e dos amigos. Justin precisava aprender a admitir suas necessidades emocionais e permitir que os outros o ajudassem. Durante o divórcio de seus pais, ele chegou à conclusão de que suas necessidades eram demasiado complexas para os outros e que era melhor *dar* apoio do que recebê-lo. Era evidente que seus problemas de relacionamento se deviam à negligência emocional que sofreu quando era criança.

A negligência emocional ocorre quando um dos pais ou o cuidador não dá apoio emocional suficiente a uma criança. Talvez eles não entendam as necessidades da criança ou não enxerguem a importância de cuidar do bem-estar emocional dela. Pessoas emocionalmente negligenciadas, muitas vezes, ficam confusas em relação ao que vivenciaram. Há, porém, uma diferença entre abuso emocional e negligência emocional. A negligência emocional é involuntária, ao passo que o abuso emocional é mais deliberado. Pessoas que sentiram negligência emocional têm dificuldade para desenvolver apegos saudáveis pelos outros e tendem a formar apegos ansiosos ou esquivos.

O ponto de partida para Justin se recuperar foi aprender a estabelecer limites emocionais para seus irmãos e os pais. Inicialmente, ele ficou incomodado em dizer a um dos irmãos, "você já falou com a mamãe?", ao invés de se adiantar para resolver o problema. Ele também achava que seria maldade falar para a mãe que não queria mais ser seu confidente emocional.

Mas no decorrer do tempo, Justin notou que sua família passou a vê-lo de outro jeito. Ele começou a se abrir mais com eles e com as moças com quem namorava, e a acreditar que as pessoas se interessavam por ele e seus sentimentos. Por fim, conseguiu ter um namoro mais duradouro e tornou-se novamente um filho para seus pais, ao invés de cuidar deles. Após o incômodo inicial, Justin gradualmente conseguiu expor e manter seus limites.

O QUE NOS IMPEDE DE TER LIMITES SAUDÁVEIS?

Cabe a você dizer às pessoas o quanto está sobrecarregado nos relacionamentos. Justin sabia que queria parar de ser o cuidador dos irmãos. Ele também estava cansado de ser o pilar emocional dos pais e tinha problemas para namorar, mas não percebia que a solução para seus problemas era estabelecer limites nos relacionamentos.

"São eles, não eu"

Para que nossos relacionamentos melhorem, supomos que é a outra pessoa que deve mudar e não enxergamos os aspectos que estão sob nosso controle, como estabelecer limites. Mas quando realmente impomos limites, os relacionamentos mudam porque não estamos mais dispostos a tolerar certas coisas.

"Tentei uma vez e não deu certo"

Quando impomos um limite e nada muda imediatamente, muitas vezes, achamos que se trata de uma causa perdida. Mas as pessoas não atendem imediatamente ao nosso pedido por vários motivos. A maneira de nos comunicarmos é crucial, assim como o que fazemos após afirmar o que queremos. (À medida que continuar a leitura, você aprenderá as melhores maneiras para estabelecer e manter limites.)

Interpretando mal o que são limites

Um erro comum é achar que limites sempre significam dizer *não*. Mas é possível estabelecer limites de muitas maneiras e dizer *não* é apenas uma delas. Justin estabeleceu o dele ao redirecionar os irmãos aos seus pais quando precisassem falar sobre determinadas questões e também definiu limites para si mesmo a fim de ser mais transparente emocionalmente ao interagir com os outros. Justin se abstinha de dizer não explicitamente quando seus pais tentavam usá-lo como pilar emocional. No entanto, passou a perceber que se incomodava ao ouvir certos assuntos. Limites não se resumem a dizer não.

Limites não se resumem a dizer não.

POR QUE TOLERAMOS PROBLEMAS COM LIMITES

Não estamos cientes de que precisamos estabelecer limites

No Capítulo 1, mostramos os sinais de que é preciso estabelecer um limite. O sintoma principal é o desconforto, que se manifesta como raiva, ressentimento, frustração e esgotamento. Quando sentimos um desses sinais, provavelmente temos de estabelecer um limite.

Nós toleramos limites doentios porque não entendemos nossos sentimentos e não notamos o desconforto. Sabemos que há algo estranho, mas não identificamos a causa do desconforto.

O filme *Gilbert Grape – Aprendiz de Sonhador* é um ótimo exemplo disso. Gilbert (interpretado por Johnny Depp) é um adolescente que cuida dos irmãos mais novos, um dos quais é o autista Arnie (interpretado por Leonardo DiCaprio), e também da mãe, que é portadora de obesidade e vive confinada em casa. Ela perdeu o controle sobre seu peso depois que o marido se suicidou.

Gilbert tenta ter uma vida social fora de sua família porque tem limites doentios. Dois irmãos dele conseguem construir as próprias vidas – um se torna gerente de uma padaria e o outro vai cursar uma faculdade. Mas quando Gilbert começa um romance com uma garota que está visitando sua cidade, nada progride porque ele não estabelece limites para sua família. Embora saiba que há algo errado, ele não sabe que limites mais saudáveis o ajudariam a começar uma vida diferente da habitual.

Nós focamos no pior cenário possível

Embora o pior cenário possível, frequentemente, seja o mais improvável de acontecer, temer o pior nos impede de estabelecer limites. Aqui estão alguns pensamentos típicos sobre o pior cenário possível:

"Eles podem ficar furiosos comigo?"
"E se nunca mais quiserem nada comigo?"
"Posso perder um amigo ou um membro da família?"
"Caso eu diga a coisa errada?"
"Estabelecer um limite é mesquinharia?"
"Posso ser chamado de egoísta?"
"Presumo que ninguém vá me escutar".

Pensar no pior cenário possível se baseia no medo e é a hipótese errada sobre aquilo mais provável de acontecer. Ademais, é impossível prever o futuro e como as pessoas podem reagir aos nossos limites. A única coisa que somos capazes de controlar é o nosso comportamento. Como o nosso maior medo é perder as pessoas, toleramos problemas com limites para manter nossos relacionamentos.

Achamos que o desconforto de estabelecer limites é intolerável

É incômodo estabelecer limites, e esse desconforto faz a maioria das pessoas se manter em silêncio e não tomar uma atitude. Nós não toleramos o desconforto de ter conversas supostamente difíceis (pensando novamente no pior cenário possível). Uma das coisas que ensino às pessoas é gerir o desconforto de estabelecer limites. É incômodo ter conversas difíceis, mas nós podemos fazer isso. O desconforto passageiro de estabelecer um limite não justifica continuar tolerando o desconforto constante com os problemas que surgirão inevitavelmente. Relacionamentos doentios são frustrantes e prejudicam nosso bem-estar em longo prazo. No decorrer do tempo e com a prática constante, fica mais fácil estabelecer limites.

ONDE APRENDEMOS SOBRE LIMITES

Tudo começa na família

A criança nasce com a urgência de ter suas necessidades atendidas. É por isso que chora, incomoda e tem atitudes impetuosas quando deseja algo. Com base nas reações dos pais e outros cuidadores, a criança percebe se suas necessidades serão atendidas. São eles que direcionam para limites saudáveis ou doentios.

Desde o nascimento, a família é a nossa principal fonte de aprendizagem. Aprendemos primeiro com a mãe e o pai, e também com outras pessoas no ambiente doméstico, nossos irmãos e a família estendida. Em muitos casos, quando refletimos sobre limites na família, pensamos nas regras estabelecidas por nossos pais. No entanto, limites não são necessariamente regras. Os limites que os pais impõem para as crianças têm a ver com expectativas, preferências e, às vezes, regras. Pais e cuidadores tipicamente se sentem à vontade para comunicar suas expectativas para as crianças, mas frequentemente as crianças sentem que não têm direito de estabelecer limites.

Respeitando os limites das crianças

Quando tinha apenas 4 meses, minha filha mais velha começou a rejeitar sua cuidadora na creche. Em geral, ela gostava de ficar no colo, mas não gostava dessa pessoa na creche. Sempre que a deixávamos na creche, ela chorava tanto que o pessoal tinha que me telefonar para ir buscá-la. Alguns dias depois, notei que ela só chorava na presença da tal cuidadora, então, passei a telefonar antes para saber quem estava trabalhando naquele determinado dia na creche.

Se fosse a pessoa que deixava minha filha incomodada, eu esperava a troca de turno. Com apenas 4 meses, minha filha já demonstrava de quem gostava ou não; e eu respeitei sua preferência não a obrigando a estar com pessoas que a deixavam incomodada.

Crianças têm limites, a menos que os pais digam que isso é inadequado. Para as crianças, as preferências alimentares são uma tentativa de estabelecer limites. Elas não sabem o que é melhor em termos de nutrição, mas reconhecem o que não gostam. Suas preferências alimentares são baseadas em textura, cheiro, cor e sabor.

Quando uma criança sempre recusa um tipo de alimento, como os pais reagem a esse limite?

1. Oferecem outras opções, possivelmente junto com o alimento que a criança rejeita.
2. Insistem que a criança coma o tal alimento mesmo que não goste.
3. Punem a criança não a deixando comer outras coisas.

Aqui está uma ideia do que a criança entende sobre a capacidade dos pais de impor limites:

Opção 1: "Eu ouço você. Eu quero que você coma alguma coisa, então vou respeitar seu pedido oferecendo outras opções".

Opção 2: "Não me importo com seus limites, pois eu sei o que é melhor para você".

Opção 3: "Você será castigada por ter preferências. Faça o que eu digo".

Quando uma criança estabelece um limite como "eu não quero abraçar seu amigo", como os pais reagem?

1. Permitem que a criança seja seletiva em termos de demonstrar afeto ou não pelas pessoas.
2. Empurram a criança para que abrace o amigo.

3. Constrangem ou ameaçam a criança dizendo "é feio dizer não quando alguém lhe pede um abraço" ou "se você não abraçar fulano, vou bater em você".

Aqui está uma ideia do que a criança entende sobre a capacidade dos pais de impor limites:

Opção 1: "Eu ouço você. Se você fica incomodado em demonstrar afeto por alguém, vou respeitar sua preferência".
Opção 2: "Eu não me importo com seus limites, pois sei o que é melhor para você".
Opção 3: "Você será castigada por ter preferências. Não embarace seus pais. Os sentimentos das outras pessoas são mais importantes do que os seus".

Para criar crianças saudáveis, é fundamental permitir que elas tenham limites saudáveis. Devemos respeitar suas preferências em termos de comida, roupas, de quem gostam, como se sentem e quem pode entrar em seu espaço físico.

DANDO O EXEMPLO

> *Crianças nunca ouvem muito os pais, mas sempre os imitam.*
> — James Baldwin

É dando exemplos que os pais educam as crianças. Pais sem limites saudáveis inadvertidamente ensinam limites doentios às crianças. Eu trabalho com mulheres que têm dificuldade para se cuidar bem. Quando pergunto a elas, "vocês viam sua mãe se cuidando bem?", invariavelmente elas respondem que não.

Além de não saber se cuidar, essas mulheres também sentem muita culpa quando praticam o autocuidado. Elas foram ensinadas que autocuidado é egoísmo e isso torna as pessoas más. Elas viram suas mães personificarem a imagem resignada da feminilidade e repetiram isso em sua tentativa de ser mulheres. Mas nossas mães também viviam esgotadas, pois a geração delas impunha que fizéssemos tudo para os outros sem reclamar.

Atualmente, a conscientização sobre a importância do autocuidado está em alta, e esse hábito está se tornando aceitável. Mas nem sempre foi assim, pois poucas décadas atrás a literatura sobre autocuidado era quase inexistente. Em 2018, porém, a Barnes & Noble (maior livraria varejista dos Estados Unidos) vendeu mais livros sobre autocuidado do que livros sobre dietas e exercícios físicos.

Nos últimos anos, as pessoas começaram a se dar conta de que problemas com peso, muitas vezes, são um sintoma de seus problemas mentais e emocionais. No entanto, muita gente não percebe que a falta de autocuidado é um problema com limites. Quando nos exercitamos consistentemente, definimos expectativas e os comportamentos e hábitos que podemos aceitar ou rejeitar. Não haverá tempo para ir à academia ou comer melhor, enquanto não tivermos autolimites saudáveis.

QUANDO É INADEQUADO DIZER NÃO

As crianças aprendem direta ou indiretamente com os pais quando é correto dizer *não*. Em primeiro lugar, as crianças veem como seus pais reagem quando ouvem um não por parte dos outros filhos, de outros membros da família ou de outros adultos. A reação dos pais quando alguém lhes diz não ensina à criança se é correto dizer não. Se acharem que a mensagem é "eu não posso dizer não", elas terão dificuldade para falar isso.

Essa mensagem não precisa ser verbalizada explicitamente, como "você não pode dizer não para mim". A reação parental, como punir a criança com o silêncio, menosprezar suas preocupações ou ridicularizá-la por ter uma necessidade, transmite que é inaceitável dizer não.

APRENDENDO COM OS OUTROS

Embora a família seja a primeira fonte de aprendizagem, nós também aprendemos com outras pessoas em nossas vidas, como professores, pares, personalidades da TV e do cinema, e outros adultos.

PROBLEMAS NA INFÂNCIA, COMO TRAUMA, ABUSO E NEGLIGÊNCIA, AFETAM OS LIMITES

Trauma

O trauma se instala quando algum acontecimento ou experiência de vida nos deixa profundamente marcados. Tais acontecimentos nem sempre foram uma experiência pessoal e podemos ficar traumatizados pelo que aconteceu com outra pessoa. Por exemplo, se presenciamos violência doméstica em nossa casa, ficamos impactados mesmo que nós nunca tenhamos sido abusados fisicamente ou verbalmente.

Nós podemos ter um trauma em virtude de:

- Morte de uma pessoa querida.
- Um acidente grave.
- Abuso/Negligência.
- *Bullying.*
- Abandono.
- Divórcio.
- O pai ou a mãe cumprindo pena na cadeia.

A experiência do trauma coloca o cérebro e o corpo no modo sobrevivência, então os limites doentios se tornam uma ferramenta para resistir. Se acreditarmos que a própria sobrevivência depende de nossos relacionamentos, será dificílimo estabelecer limites neles. Se sentirmos que não há outras opções ou meios para sair de uma determinada situação, estabelecer limites pode não parecer um plano razoável de ação.

Abuso

O abuso físico e o abuso emocional são violações de limites. Quando não sabem que esses tipos de tratamento são errados, as pessoas podem achar que o abuso faz parte de um relacionamento. Vítimas de abuso físico ou emocional têm dificuldade para impor limites aos seus abusadores.

Quando as vítimas começam a se culpar pelo abuso ou a simpatizar com o abusador, ocorre a ligação pelo trauma, cientificamente chamada de Síndrome de Estocolmo. Essa síndrome limita a capacidade de impor limites porque a pessoa acha que causa as ações do abusador. Pessoas que cresceram em lares abusivos têm uma probabilidade maior de desenvolver ligações por trauma posteriormente. Também, quanto mais o relacionamento abusivo dura, é mais difícil sair dele.

A Síndrome de Estocolmo acontece em famílias nas quais as crianças se acham responsáveis pelo que é dito e feito a elas.

Exemplo de abuso verbal: *Se eu ouvisse, minha mãe gritava comigo e me xingava.*

Exemplo de abuso físico: *Meu pai anda bebendo muito e devo levar isso em conta antes de pedir qualquer coisa a ele. Já que me bate quando está bêbado, é melhor eu ficar fora da vista dele.*

A Síndrome de Estocolmo também ocorre em casos de sequestro e em relacionamentos adultos.

Exemplo de abuso verbal: *Meu companheiro detesta perguntas, então, grita comigo quando eu pergunto alguma coisa. Eu preciso entender as coisas sem irritá-lo.*

Exemplo de abuso físico: *Quando está aborrecida, minha mulher atira objetos em mim. É assim que ela lida com sua ira.*

Quando você é manipulado para achar que tem culpa pelo abuso, isso é uma violação de limite. Seja qual for a razão por trás do abuso, jamais é aceitável alguém abusar de você. Mesmo que a pessoa seja o pai, a mãe, o companheiro ou companheira, ou alguém de sua confiança, a manipulação é um fator altamente tóxico. Pessoas que são abusadas têm extrema dificuldade para acreditar que os outros estarão dispostos a cumprir suas expectativas.

Negligência física

Esse tipo de negligência envolve ignorar ou não cuidar das necessidades físicas alheias. Crianças fisicamente negligenciadas não são alimentadas adequadamente e parecem desmazeladas. Eventualmente, a negligência se deve à falta de recursos financeiros, mas nem sempre isso é verdade, pois a negligência ocorre até em lares abastados.

Negligência emocional

Isso significa não dar atenção emocional suficiente. Familiares emocionalmente negligentes podem até ser bem-intencionados, então, as vítimas tendem a simpatizar com eles. Por mais irônico que pareça, a negligência emocional, às vezes, se deve à proximidade excessiva. O enredamento evita a formação do senso de individualidade. Isso nos leva a acreditar que somos responsáveis pelos sentimentos alheios, desta forma protegemos e blindamos essas pessoas de possíveis resultados indesejáveis. Mas não cabe a uma criança atender às necessidades emocionais dos pais.

AQUI VAI UM LEMBRETE para adultos que sofreram negligência emocional na infância:

Jamais deveria caber a você...

Ser o homem da casa.
Ser confidente de seus pais.
Cuidar dos seus irmãos.
Aprender coisas sem a orientação parental.
Tentar manter a paz em um lar caótico.
Entender as coisas sem ter apoio emocional.
Ser responsável pelas contas quando você era criança.

Os limites infantis são violados quando as crianças são forçadas a assumir papéis adultos –, mesmo que por necessidade. No caso de Justin, seu pai ou um avô precisava estar lá para ajudá-lo com seus irmãos mais novos ou ter assumido essa responsabilidade. Imagine o quanto isso prejudicou o relacionamento de Justin com seus pais e irmãos. Ele não podia ter um relacionamento normal com os irmãos, pois era encarregado de suprir suas necessidades. Ele também era o confidente dos pais, os quais eram incapazes de atender às necessidades emocionais dos filhos.

Quando alguém nos negligencia, fica difícil acreditar que essa pessoa estaria disposta ou seria capaz de aceitar nossos pedidos. No Capítulo 8, vamos nos aprofundar mais sobre como os traumas impactam nossa capacidade de estabelecer e seguir limites.

PADRÕES DE RACIOCÍNIO QUE NOS IMPEDEM DE ESTABELECER LIMITES

Nove possíveis razões de você não ser capaz de impor limites

- Medo de ser mesquinho.
- Medo de ser rude.
- Necessidade de agradar a todos.
- Ansiedade com as interações futuras ao impor um limite.
- Impotência e dúvidas sobre a eficácia dos limites.
- Autovalorização pela empatia.
- Você projeta os mesmos sentimentos de quando os outros lhe dizem não.
- Dificuldade em começar.
- Questiona sobre a necessidade dos limites em determinados relacionamentos

Medo de ser mesquinho

Seu maior medo é ser mesquinho. Mas o que é de fato "ser mesquinho"? Quando dizemos "eu não quero ser mesquinho", supomos que a outra pessoa perceberá desta maneira. Mas como saber o que é mesquinhez para cada um? A verdade é que não é possível ter certeza. O medo de ser mesquinho baseia-se na suposição de que sabemos como a outra pessoa interpretará o que é dito. Mas suposições não são fatos, e sim hipóteses. Experimente supor que as pessoas entenderão plenamente o que está sendo dito.

Medo de ser rude

A forma de verbalizar seu limite é importante. Na Segunda Parte do livro, vamos nos aprofundar sobre como afirmar exatamente seus limites. Nós tendemos a supor que só é possível declarar expectativas por meio de gritos e imprecações. Tipicamente, é isso que acontece quando chegamos a um ponto de ruptura por demorar demais para impor o limite. Mas se for proativo em relação a isso comunicando respeitosamente seus limites, você pode evitar o ponto de ruptura. Mas, se você chegou ao ponto de saturação máxima, ensaie como exporá assertivamente suas expectativas, sem gritar nem "ser rude".

Necessidade de agradar a todos

Um grande impedimento para impor seus limites é saber que algumas pessoas não vão gostar, entender ou concordar. Mas desistir de tentar agradar a todos o ajudará estabelecer seus limites. Não ser apreciado por todo mundo é uma consequência insignificante diante do retorno em relacionamentos mais saudáveis.

Pessoas que querem agradar a todos são consumidas por pensamentos sobre o que os outros estão pensando e sentindo, pois querem parecer ótimas, prestativas e acolhedoras. Para tais pessoas, é especialmente difícil estabelecer um limite porque, além do temor de parecerem mesquinhas ou rudes, seu maior medo é desagradar. Muitas vezes, esses medos são tão grandes que, ao invés de enfrentá-los, tais pessoas preferem sofrer em relacionamentos sem limites.

Ansiedade com as interações futuras ao impor um limite

O medo é, "depois disso, nossa relação ficará estranha". Bem, declarar um medo tem esse efeito. Caso preveja que ficará desconfortável no próximo encontro, invariavelmente é isso que vai acontecer. Que tal continuar o relacionamento normalmente? Afirme seu limite e toque a vida como de costume. Não é possível controlar como seu pedido é recebido, mas existe a opção de começar a se comportar de maneira saudável. Manter um nível de normalidade ajudará a manter os próximos encontros saudáveis. Faça sua parte. Dê o exemplo de comportamento que gostaria de ver no relacionamento.

Impotência e dúvidas sobre a eficácia dos limites

Você encara qualquer problema, exceto a falta de limites saudáveis. Você supõe que, mesmo que imponha um limite, as pessoas não o escutarão. Pensa no pior cenário possível e se consome pensando que estabelecer limites nunca será proveitoso. Mas se você impor e mantiver seu limite, isso dará certo. Para que os outros respeitem seus limites é fundamental manter-se coerente.

Autovalorização pela empatia

"Sou um socorrista". Não há nada de errado com isso, mas você pode ser muito prestativo sem se tornar um "capacho". Ajude as pessoas e defina um limite. Limites deixam claras a sua disposição e capacidade de ajudar. Afinal de contas, socorristas que tipicamente se sobrecarregam cuidando dos outros e se autonegligenciam, também precisam de limites.

Você projeta os mesmos sentimentos de quando os outros lhe dizem não

Você detesta ouvir "não" tanto quanto dizer "não" para os outros. É natural se aborrecer por não conseguir o que quer, mas ouvir um não é proveitoso, pois indica que a outra pessoa tem limites saudáveis. Aprender a gerir seus sentimentos quando ouve um não, o ajudará a colocar limites mais compassivos, mas não crie a ilusão de que as pessoas vão sentir-se do mesmo modo que você. Antes de supor como as pessoas se sentirão, permita que elas reajam. Talvez elas sejam receptivas a seus limites.

Dificuldades em começar

Sua maior barreira é como começar. "O que eu digo? E se eles não gostarem?" Essas perguntas certamente são relevantes e é por isso que neste livro abordaremos o que dizer, quando afirmar seu limite e o que fazer se ele não for bem recebido. Se teve limites doentios por muito tempo, é difícil considerar as opções, pois você se acostumou a não ter escolhas. Ao ler este livro, você terá muitas ideias sobre limites que pode impor em vários cenários.

Questiona sobre a necessidade de ter limites em certos relacionamentos

Você pode achar, "eu não posso dizer à minha mãe que não gosto _____". Mas pense em, "como posso dizer à minha mãe que eu não gosto _____?". Em todo relacionamento você pode estabelecer limites. A questão é como você os coloca. Muitas pessoas acham mais difícil comunicar expectativas à família, mas isso não é impossível. O mais difícil pode ser superar sua crença de que o processo é complexo. Mais uma vez, supor o pior é o que mais nos impede até de tentar.

SENSAÇÕES INCÔMODAS RESULTANTES DE ESTABELECER LIMITES

Dependendo do seu relacionamento com a outra pessoa, da conexão com a situação e da quantidade de tempo em que um limite não é estabelecido, pode haver desconforto, (culpa, tristeza, sentimento de traição ou remorso).

Três coisas prolongam sensações incômodas:

- Minimizar: Isso é negar o impacto dos acontecimentos ou tentar diminuir sua importância. Por exemplo: "Esqueci de ir a um encontro marcado, mas isso não importa porque eu tinha outras coisas para fazer".
- Ignorar: Agir como se suas emoções não existissem.

- Ir em frente cedo demais: Quando você tenta superar uma experiência dolorosa sufocando suas emoções, o processo de recuperação. Apressar o processo de cura também leva à repetição dos mesmos erros.

Culpa

A pergunta que mais ouço sobre estabelecer limites é "como posso definir um limite sem me sentir culpado?". Meu pensamento imediato é "isso é impossível". Como terapeuta, gostaria de fazer alguma coisa para as pessoas colocarem limites sem culpa. Mas, infelizmente, não há nada a fazer, só posso ajudá-lo a lidar com seu desconforto e fazê-lo se sentir melhor por dizer não. Afinal, o desconforto faz parte do processo de estabelecer um limite. No Capítulo 6, vamos examinar maneiras de gerir seu desconforto por estabelecer limites.

Tristeza

Às vezes, ficamos tristes porque não queremos ser maus com as outras pessoas. Se acreditar que estabelecer limites é algo mesquinho ou rude, essa atitude vai te entristecer. É fundamental reformular sua maneira de pensar sobre esse processo.

Aqui estão algumas reformulações:

- Limites são uma autodefesa.
- Limites visam manter a saúde e integridade de um relacionamento.
- Limites são um meio excelente de dizer "veja bem, eu gosto muito de você e só quero que a gente acerte algumas coisas".
- Limites são uma maneira de dizer "eu me amo".

Reconsidere a linguagem que você usa para descrever a colocação de limites.

Deslealdade

Estabelecer limites não é uma deslealdade com sua família, amigos, companheiro(a), trabalho ou qualquer

Não traia seus valores para agradar aos outros.

outra coisa ou pessoa. Não os estabelecer, porém, é uma deslealdade consigo mesmo. Não traia seus valores para agradar aos outros. Mudar sua maneira de pensar sobre estabelecer limites ajuda a gerir o desconforto resultante.

Remorso

"Eu disse isso? Que horror, não foi minha intenção". É natural se sentir assim se você não fez a coisa certa. Quando definimos limites, isso acontece se acharmos que estamos fazendo algo errado. Mas não é errado nem ruim impô-los. Reformule sua maneira de pensar sobre impor limites, e essa mudança mental o ajudará a sentir menos desconforto.

Neste capítulo, falamos sobre todas as coisas que nos impedem de estabelecer limites – os sentimentos, pensamentos e limitações próprias e alheias. Esse processo ficará mais natural quando estabelecer os limites fizer parte da sua rotina.

Exercício

Pegue seu caderno ou uma folha de papel para fazer o exercício a seguir.

- Como os limites eram ensinados em sua família?
- Seus pais/cuidadores respeitavam seus limites? Em caso afirmativo, de que maneira?
- Como seus limites foram desrespeitados?
- Quando percebeu que tinha dificuldade para estabelecer limites?
- Qual é o seu maior desafio para impor limites?

No próximo capítulo, veremos os seis tipos de limites que podem ser aplicados a várias áreas da sua vida. Saber isso o ajudará a ir mais fundo nas maneiras de impô-los em várias áreas.

4

OS SEIS TIPOS DE LIMITES

ESTABELECER LIMITES É NECESSÁRIO E FUNDAMENTAL PARA SUA VIDA E PARA AS PESSOAS QUE FAZEM PARTE DELA.
— MANDY HALE

Alex era conhecida como "a carente". Dez minutos depois de conhecer alguém, ela despejava sua história. Convidava a pessoa para entrar em sua vida e esperava que a outra fizesse o mesmo. Quando as pessoas não entravam no jogo, ela achava que havia algo errado com elas. Em sua tentativa de se conectar, ela se apegava aos outros com demasiada rapidez.

Por fim, uma amiga próxima disse a Alex que precisava dar um tempo na amizade e outra amiga confirmou que Alex era muito "fofoqueira" e "carente". Foi nessa época que Alex me procurou em busca de respostas. Além de responder às perguntas escritas que sempre faço na sessão inicial, Alex anotou outros aspectos pessoais. Então, passou a despejar todos os detalhes de sua vida. No final da sessão, perguntei, "por que você deu mais informações além das perguntas que fiz?".

"Eu queria que você soubesse tudo sobre mim", disse ela.

Nas sessões seguintes, constatei que Alex achava que a chave para a conexão era saber *tudo* a respeito de alguém. No entanto, ela falou sobre acontecimentos e detalhes sem muita profundidade ou reflexão sobre os próprios sentimentos. No decorrer do tempo, descobri o motivo.

"Meu pai me contava tudo", disse ela após algumas sessões. Ele contava a Alex até detalhes do caso extraconjugal de sua mãe.

O exemplo que ele dava era "nós não guardamos segredos". Mas quando Alex tentava contar alguma coisa, o pai dizia imediatamente como ela devia pensar, ao invés de deixá-la falar.

Constantemente, ela lhe pedia opiniões sobre as decisões que tinha de tomar, pois se achava incapaz de fazer as escolhas "certas" sem a opinião paterna. Mas ele tendia a ser crítico e a desdenhar dos seus sentimentos.

As amigas de Alex ficavam sufocadas com sua constante necessidade de conexão e *feedback* sobre sua vida. Pouco a pouco, elas começaram a se afastar. Alex não tinha noção de que estava violando os limites alheios. Para ela, relacionamentos significavam proximidade e, para ser íntima, é preciso falar frequentemente, revelar tudo e depender da validação alheia. Embora fosse normal no relacionamento com seus pais, isso não funcionava por muito tempo com seus amigos.

Então, a terapia consistia em ajudar Alex a identificar seus sentimentos, a aceitar que cometia erros e a melhorar sua autoestima em relação à capacidade de tomar decisões saudáveis por conta própria. Ela tinha de aprender a revelar os detalhes de sua vida apenas nos contextos apropriados e em um ritmo razoável.

Neste capítulo, abordaremos os seis tipos de limites: físico, sexual, intelectual, emocional, material e temporal.

LIMITES FÍSICOS

Seus limites físicos se referem ao espaço pessoal e ao contato físico. Espaço físico é o perímetro em torno do seu corpo. Todas as pessoas têm um certo nível de consciência sobre o próprio corpo e o que é confortável para elas, mas as necessidades individuais em termos de espaço físico variam. As pessoas também têm visões distintas em relação aos contatos físicos adequados. Tais limites variam conforme o ambiente, o relacionamento que temos com a outra pessoa e nosso nível de conforto. Mas podemos expor nossas preferências sobre espaço pessoal e contato físico para os outros.

Exemplos de Violações de Limites Físicos

- Abuso físico.
- Forçar abraços, beijos ou apertos de mão.
- Ficar "grudado" na outra pessoa.
- Querer ficar de mãos dadas com alguém quando a pessoa deixou claro que se incomoda com demonstrações de afeto em público.
- Tocar o corpo de alguém de maneira inadequada.
- Ler o diário de alguém ou outra forma de invasão de privacidade.

Impor um limite físico se configura assim:

"Eu não gosto de abraçar, prefiro apertos de mão".
"Afaste-se um pouco, por favor".
"Eu não fico à vontade com demonstrações de afeto em público. Vamos deixar para trocar carinhos em casa".
"Eu já te disse para não esfregar minhas costas. Isso me enerva".
"Essas são minhas anotações íntimas. Por favor, largue isso agora mesmo porque você está violando a minha privacidade".

Aqui estão algumas maneiras para respeitar seus limites físicos:

1. Verbalize para os outros sua necessidade de distância física.
2. Seja claro com os outros sobre seu desconforto com certos tipos de contato físico, como abraços.

Esteja ciente de que seus limites mudam constantemente. Suas necessidades na vida mudam, assim como suas expectativas nos relacionamentos. Então, sentir desconforto após uma interação com alguém, pode ser um sinal de que você precisa impor um limite físico. Vamos supor que você permitia que alguém o abraçasse, mas de repente passou a se incomodar com os abraços dessa pessoa. Você tem todo o direito de dizer que não quer mais ser abraçada.

LIMITES SEXUAIS

Jamais é aceitável tocar o corpo de alguém sem consentimento, e as crianças nunca podem ser envolvidas em atos sexuais. Tocar, fazer comentários sexuais ou praticar atos sexuais sem consentimento expresso são violações dos limites sexuais. Jamais é aceitável que crianças sejam postas em qualquer situação sexual e que haja conversas de teor sexual em sua presença. Como as crianças não conseguem comunicar limites sexuais, cabe aos adultos manterem um comportamento adequado com elas.

Ao contrário de limites cuja compreensão requer explicações, crimes sexuais, como estupro, agressão e atentado ao pudor, geralmente não são explicados nem denunciados em razão da hipocrisia da sociedade.

Exemplos de violações de limites sexuais

- Abuso sexual, agressão ou atentado ao pudor.
- Comentários de teor sexual sobre a aparência de alguém.
- Tocar de maneira sexualmente sugestiva.
- Insinuações sexuais.
- Piadas sexuais.

Impor um limite sexual se configura assim:

"Estou incomodada com seus comentários sobre minha aparência".
"Eu não estou interessada em um relacionamento sexual com você".
"Tire a mão da minha perna".
"Pare".
"Seu comentário não é engraçado; pelo contrário, ele é totalmente inadequado".

Aqui estão algumas maneiras de honrar seus limites sexuais:

1. Relate qualquer infração sexual contra você ou que tenha visto.
2. Não crie possíveis justificativas para condutas inapropriadas.

LIMITES INTELECTUAIS

Limites intelectuais se referem a seus pensamentos e ideias. Você é livre para ter opinião sobre qualquer coisa que queira. E quando expressa sua opinião, suas palavras não devem ser desdenhadas, menosprezadas nem ridicularizadas.

No entanto, ficar alerta sobre os assuntos adequados ou não em cada situação é outra maneira de respeitar os limites intelectuais. Alex era muito nova quando o pai lhe contou que sua mãe tinha um caso extraconjugal. Embora fosse verdade, a informação não era adequada para a idade de Alex. Quando o pai ou a mãe tem uma conversa inadequada como essa com uma criança, trata-se de uma violação de limite intelectual.

Exemplos de violações de limites intelectuais

- Xingar alguém por suas crenças ou opiniões.
- Gritar durante discordâncias.
- Ridicularizar alguém por seus pontos de vista e pensamentos.
- Desprezar alguém por causa de discordâncias.
- Rebaixar a mãe ou o pai na presença de uma criança.
- Falar com as crianças sobre problemas que elas não têm maturidade emocional para entender.

Impor um limite intelectual se afigura assim:

"Você pode discordar sem ser malvado ou rude".
"Acho adequado ter essa conversa com uma criança".
"Vou parar de falar se você continuar erguendo sua voz".
"Essa piada foi péssima e estou ofendida".
"Eu só disse uma coisa à toa. Por que você me ridicularizou?"

Aqui estão algumas maneiras para respeitar seus limites intelectuais:

1. Se você for pai ou mãe, não converse sobre questões adultas com as crianças.

2. Respeite as pessoas que são diferentes de você.

LIMITES EMOCIONAIS

Quando você compartilha seus sentimentos, é razoável esperar que os outros o apoiem. Algumas pessoas, porém, têm dificuldade para expressar suas emoções. Então, quando uma pessoa subestima suas emoções ou invalida seus sentimentos, isso é uma violação dos seus limites emocionais. Isso pode deixá-lo inseguro para voltar a expressar suas emoções.

Alex tentava dizer ao pai como se sentia, mas ele a desprezava constantemente ou dizia como ela deveria se sentir. Por fim, ela parou de partilhar tudo com ele e começou a duvidar das próprias emoções. Ela pensava, "é normal ficar triste por isso?". Em busca de validação, perguntava aos amigos se o que sentia era normal. Como seus limites emocionais haviam sido violados, Alex era insegura e dependia das opiniões alheias.

Com limites emocionais saudáveis, seus sentimentos e informações pessoais são gradualmente compartilhados com os outros, não de uma vez só. Você apenas compartilha quando é adequado e escolhe cuidadosamente seus confidentes. Em uma enquete no Instagram, perguntei, "você já contou o segredo de um amigo para outra pessoa?". Setenta e dois porcento disseram, "sim, já contei um segredo alheio". E recebi várias mensagens privadas explicando por que os segredos alheios eram revelados para outras pessoas. Aqui estão algumas razões:

1. O segredo era demasiado opressivo.
2. Havia uma preocupação com segurança.
3. "Eu não consigo guardar segredos".
4. "Eu conto tudo para o meu companheiro".

Exemplos de violações de limites emocionais

- Revelar intimidades prematuramente (compartilhamento excessivo).

- Partilhar detalhes emocionais inadequados com crianças.
- Despejo emocional/desabafo excessivo.
- Pressionar alguém para dar informações que a pessoa prefere manter em sigilo.
- Invalidar os sentimentos de alguém.
- Dizer às pessoas como devem se sentir, como "você não deveria ficar triste com isso".
- Minimizar o impacto de alguma coisa, como "não foi grande coisa".
- Pressionar as pessoas a superarem rapidamente sentimentos complexos.
- Fofocar dando detalhes íntimos da vida de outra pessoa.

Impor um limite emocional se configura assim:

"Quando eu lhe conto coisas, espero que você as mantenha em segredo".
"Fico incomodado em verbalizar meus sentimentos. Eu me sentiria melhor se você indicasse que está entendendo apenas inclinando a cabeça".
"Há muitas coisas acontecendo contigo, mas não me sinto preparado para ajudá-lo. Você já pensou em procurar um terapeuta?"
"Não me sinto à vontade para falar desse assunto".
"É inadequado você dizer como devo me sentir. Meus sentimentos são válidos".
"Preciso de um tempo para processar meus sentimentos. Não me apresse para seguir em frente".
"É normal eu me sentir assim nessa situação".

Aqui estão algumas maneiras para respeitar os próprios limites emocionais:

1. Pergunte às pessoas se elas apenas querem ser ouvidas ou se desejam conselhos. Isso esclarece se você deve ou não dar sugestões.

2. Compartilhe sua intimidade apenas com pessoas de confiança que respeitam suas emoções.

LIMITES MATERIAIS

Limites materiais têm a ver com suas posses e é sua escolha compartilhá-las ou não. Também é seu direito decidir como os outros lidam com suas posses. Caso empreste uma ferramenta intacta para um amigo, é justo esperar que ele a devolva no mesmo estado. Quando as pessoas lhe devolvem alguma coisa, mas ela está avariada, seus limites materiais foram violados.

Exemplos de violações de limites materiais

- Usar coisas emprestadas por mais tempo do que o combinado.
- Nunca devolver um item emprestado.
- Emprestar itens que não lhe pertencem sem permissão.
- Danificar um objeto e se recusar a pagar pelo prejuízo.
- Devolver posses após tê-las avariado.

Impor um limite material se configura assim:

"Vou lhe emprestar o dinheiro, mas aguardo a devolução total na sexta-feira".
"Não posso lhe emprestar meu carro neste fim de semana".
"Por favor, devolva minha ferramenta intacta".
"Não posso lhe emprestar nem um centavo".
"Pode levar meu terno emprestado, mas se você o manchar, terá de pagar a lavagem a seco".

Aqui estão algumas maneiras para proteger seus limites materiais:

1. Não empreste coisas para pessoas que já demonstraram desrespeito por suas posses.
2. Seja claro sobre suas expectativas a respeito de suas posses.

LIMITES TEMPORAIS

Pela minha experiência, entre os seis tipos de limites citados, o limite temporal é o menos respeitado pelas pessoas. Limites temporais consistem em como você administra seu tempo, como permite que os outros ocupem seu tempo, como lida com pedidos de favores e como estrutura seu tempo livre. Pessoas com problemas nesse sentido lutam para achar um equilíbrio entre o trabalho e a vida pessoal, manter o autocuidado e priorizar suas necessidades. Doar seu tempo para os outros pode levá-lo a violar seus limites temporais. Se você nunca tiver tempo para fazer algo que deseja, você não tem limites temporais saudáveis.

Exemplos de violações de limites temporais

- Telefonar seguidamente sem haver urgência.
- Esperar que alguém pare tudo para ajudá-lo.
- Telefonar ou enviar mensagens de texto tarde da noite quando a outra pessoa já está dormindo.
- Pedir que os outros façam coisas para você de graça.
- Ficar sobrecarregado de compromissos.
- Ter conversas longas com pessoas que o exaurem emocionalmente.
- Pedir favores sabendo que a outra pessoa não está disponível.
- Pedir a alguém que faça hora extra no trabalho sem pagamento adicional.
- Fazer favores a pessoas que não têm reciprocidade.

Impor um limite temporal se configura assim:

"Hoje não posso ficar até tarde".
"Eu trabalho das nove da manhã às cinco horas da tarde, então, não posso ficar conversando o dia inteiro".
"Eu não posso ajudá-lo neste fim de semana".
"Eu posso fazer sua declaração do imposto de renda, mas cobro 200 reais".

"Eu não vou poder comparecer ao seu evento na terça-feira".

Aqui estão algumas maneiras para respeitar os próprios limites temporais:

1. Antes de concordar com um pedido, verifique sua agenda para ter certeza de que terá tempo para isso. Não tente encaixar esse favor em outro evento ou tarefa, para não se arrepender.
2. Quando estiver ocupado, deixe os telefonemas por conta da secretária eletrônica e não leia as mensagens de texto e e-mails até ter tempo livre.

Exercício

Pegue seu caderno ou uma folha de papel para fazer o exercício a seguir. Quando os limites são violados, é fundamental ter uma conversa sobre o que aconteceu e o que isso lhe causou. Como não podemos controlar os outros, precisamos focar no que diremos ou nas providências que devemos tomar caso a violação se repita. A seguir serão apresentados exemplos de cada tipo de limite. Leia o cenário e pense no que faria ou diria.

Exemplo de limite físico:
Uma colega de trabalho entra em sua sala enquanto você está ocupada finalizando uma tarefa. Você não responde, mas ela persiste inclinando-se sobre sua mesa.

Reflita sobre o que você deveria fazer ou dizer para estabelecer um limite nesse cenário.

Exemplo de limite sexual:
O marido de sua amiga faz comentários sobre as proezas sexuais dele, então, começa a lhe mandar mensagens de texto com insinuações picantes. Você fica extremamente incomodada.

Reflita sobre o que você deveria fazer ou dizer para estabelecer um limite nesse cenário.

Exemplo de limite intelectual:
Há pouco tempo você pôs fim a uma amizade de 10 anos e está dividindo sua tristeza com seu companheiro ou companheira, que diz, "supere isso de uma vez por todas. Afinal, você tem outros amigos".

Reflita sobre o que você deveria fazer ou dizer para estabelecer um limite nesse cenário.

Exemplo de limite emocional:
Você conta um segredo para sua amiga e ela o revela para outra amiga.
Reflita sobre o que você deveria fazer ou dizer para estabelecer um limite nesse cenário.

Exemplo de limite material:
Um amigo pede sua camisa emprestada. Em outra ocasião que você lhe emprestou uma camisa, ele a devolveu com um buraco.
Reflita sobre o que você deveria fazer ou dizer para estabelecer um limite nesse cenário.

Exemplo de limite temporal:
O prazo final de um trabalho está próximo te deixando pressionado. Então, um membro de sua equipe lhe pede ajuda em outro projeto. Reflita sobre o que você deveria fazer ou dizer para estabelecer um limite nesse cenário.

5

COMO SÃO AS VIOLAÇÕES DE LIMITES

Mesmo que não gostem, concordem ou entendam, as pessoas têm de respeitar seus limites.

Jamie contou que, durante o primeiro ano de relacionamento, ela e seu namorado passavam a maioria dos dias juntos e conversavam sobre seu futuro. Eles gostavam de viajar juntos, não tinham desavenças e ele era um ouvinte excelente.

Mas quando tinha um dia ruim, ele se retraía imediatamente fazendo Jamie sofrer. Após alguns dias, sistematicamente ele dizia todas as coisas certas para reconquistá-la.

"Ele é ótimo na maior parte do tempo", disse-me Jamie. "Mas, às vezes, ele entra nesses climas sombrios e implica o tempo todo comigo. Quando não faço o que ele quer, ele fica amuado e me pune com o seu silêncio". Jamie queria ajuda para entender o que poderia fazer para melhorar o relacionamento.

Durante cinco sessões, ela falou sobre o quanto precisava entender melhor o namorado, se fortalecer e aprender a se comunicar de maneira eficaz para o relacionamento. Eu lhe ensinei algumas habilidades de comunicação, mas ela disse, "nada funciona".

Jamie se culpava por não entender o que o namorado queria, pelas controvérsias e pela falta de resolução de conflitos entre eles.

Assim que percebi que ela estava mais à vontade comigo, perguntei, "você já cogitou se seu namorado também tem uma parcela de responsabilidade pelos problemas de comunicação?". Jamie rapidamente o defendeu. "Ele se comunica muito bem e me diz exatamente o que precisa, mas eu não consigo fazer isso corretamente".

"Ele dá exemplos do que quer que você faça?"

"Não, mas eu tenho ideia do que ele quer baseado no que ele diz".

Após relatar uma conversa típica entre eles, Jamie conseguiu reconhecer que muitas vezes pensava "nunca consigo fazer nada direito". Por exemplo, o namorado pedia, "quero que você cozinhe mais em casa". Então, quando ela cozinhava, ele dizia, "não quero comer isso tarde da noite. Por que você não preparou o prato mais cedo?".

Jamie tentava cozinhar mais cedo, mas então ele reclamava das opções preparadas. "Você nunca me escuta", dizia ele. Ela escutava, mas ficava confusa. As mensagens contraditórias do namorado a confundiam e ela perdeu a noção do que precisava, esperava e aceitava porque constantemente tentava agradar.

Nossas sessões seguintes focaram nas violações de limites que estavam ocorrendo em seu relacionamento.

PEQUENAS E GRANDES VIOLAÇÕES DE LIMITES

Violações de limites se enquadram em duas categorias:

Pequenas: Microviolações de limites ocorrem mais em encontros cotidianos do que em relacionamentos duradouros e, geralmente, não nos afetam emocionalmente. A violação não estraga o resto do dia porque não a consideramos tão importante. Mas, no decorrer do tempo, as microviolações de limites se tornam mais graves caso sejam constantes e persistentes.

Exemplos de microviolações de limites

1. Quando você está na fila da mercearia e nota que a moça no caixa fala de maneira áspera e empacota suas compras agressivamente.
2. Você está em uma festa e é abordada por uma desconhecida que começa a falar. Trinta minutos depois dessa pessoa se

abrir tanto, você sente que poderia escrever um livro sobre a história dela. Só que nesse meio tempo ela não lhe deu sequer uma chance de abrir a boca.
3. Você diz a uma colega de trabalho que não poderá ir à festa de aniversário dela. Ela insiste dizendo o quanto sua presença é importante e que todo o pessoal do trabalho irá. Embora realmente queira que você vá, ela está lhe fazendo se sentir culpada por não ir e tentando manipulá-la comparecer à festa.

Grandes: Macroviolações de limites são persistentes e desgastam os relacionamentos. A frequência das violações pode até mudar a estrutura do relacionamento.

Exemplos de macroviolações de limites

1. Você é incapaz de tomar uma decisão sem falar antes com sua irmã, que a ajuda a resolver tudo em sua vida.
2. É difícil lidar com o alcoolismo do seu amigo e você fica compelido a ajudar toda vez que ele tem uma recaída. Quando vocês saem juntos, você não bebe porque sabe que terá de cuidar do amigo.
3. Você está convencido de que tem culpa por tudo que dá errado em seu relacionamento. Seu companheiro ou companheira já tem tantos problemas que você precisa se esforçar mais para não os piorar.

Agora que você já viu alguns exemplos, vamos falar sobre algumas micro e macroagressões comuns.

MICROAGRESSÕES

Microagressões são sutis e podem ocorrer em qualquer relacionamento. Elas incluem comportamentos passivo-agressivos, para indicar contrariedade, mensagens veladas ou raiva da outra pessoa. Intencionalmente ou não, as microagressões transmitem negatividade.

No início do relacionamento, o namorado de Jamie fazia pequenos comentários sobre o que ela dizia. Sempre que ela errava a pronúncia de uma palavra ou frase, ele mencionava o erro. Ela não se importava até que essas críticas se tornaram constante nas conversas. Posteriormente, quando o relacionamento deles ficou instável, ele usava o fraseado dela como exemplo de sua comunicação truncada.

Microagressões são comumente cometidas contra minorias raciais ou o segmento LGBTQI+, mas não se limitam a comportamentos ou comentários depreciativos baseados apenas em raça, gênero ou preferência sexual. Aqui estão outros exemplos:

Exemplos de microagressão

Racismo (desqualificar as pessoas em razão da raça)
Uma mulher branca está no elevador e agarra bem sua bolsa contra o peito quando um homem negro entra. Ponto subjacente: A crença de que negros são perigosos e dispostos a qualquer maldade.

Discriminação de corpos femininos
Rebecca engordou 4,5 quilos. Sua mãe pede, "envie uma foto para mim", e depois comenta, "seu rosto rechonchudo é muito fofo". Ponto subjacente: Rebecca está engordando e sua mãe tem gordofobia.

Viés racista (suposições baseadas em raça)
Kevin é negro e a maioria de seus colegas de trabalho é branca. Ele é convidado para uma festa da empresa e, quando a lista de adesão chega às suas mãos, vê que alguém anotou que ele deve levar galinha frita. Ponto subjacente: Preconceito racial.

Viés de gênero
Tina é CEO de sua empresa. Frequentemente, ela é taxada de "mandona", enquanto os homens na mesma posição são descritos como líderes influentes. Ponto subjacente: A crença de que mulheres em posições de poder têm atitudes problemáticas.

Viés contra LGBTQI+
Kevin leva seu companheiro a uma festa da empresa e um colega de trabalho lhe diz, "eu nem desconfiava que você é desse jeito. Você não parece gay". Ponto subjacente: Criar e enquadrar as pessoas em estereótipos de gênero. Microagressões são consideradas inofensivas por quem as comete. No entanto, elas são expressões danosas de um sistema mais profundo de crenças. Embora pareçam pequenas, seu impacto é enorme.

Maneiras de lidar com microagressões

1. Aponte assertivamente a microagressão cometida: "Eu notei que você disse que eu nem pareço negro. O que significa isso?"
2. Sugira um comportamento mais adequado. Por exemplo, quando os outros a chamam de "mandona", Tina pode apontar que simplesmente é assertiva e disposta a liderar.

COMPARTILHAMENTO EXCESSIVO

Compartilhar demais é um esforço para se conectar com a outra pessoa. No entanto, é comparável a fofocar, pois envolve revelar informações inadequadas para o contexto, como questões íntimas de outra pessoa, ou dar detalhes pessoais em um relacionamento superficial que não permite tamanho nível de abertura e confiança.

A pessoa que compartilha demais, geralmente, não tem noção de que se excedeu. As pessoas se abrem demais comigo em situações sociais. Às vezes, isso acontece simplesmente porque pareço interessada e deixo que elas falem sem parar. Mas acho que normalmente é porque sou terapeuta e exalo uma aura de que "gosto de escutar problemas". De fato, gosto de ouvir as pessoas se abrindo, mas isso pode ser embaraçoso socialmente.

Exemplos de compartilhamento excessivo

Contexto inapropriado
Você foi incumbida de treinar uma nova funcionária. Ao invés de aprender sobre o cargo, a moça fica contando detalhes dos

problemas que tem com o ex-namorado.

Ponto subjacente: Tais informações pessoais não são adequadas no contexto de seu papel como mentora.

Informações sobre outra pessoa

A ex-companheira de quarto nos tempos da faculdade da sua amiga vem visitá-la e vocês três saem juntas. Enquanto a amiga está no banheiro, a moça lhe conta sobre a época em que a outra fez um aborto.

Ponto subjacente: Essa moça está revelando informações muito íntimas sobre sua amiga.

Informações muito pessoais

Enquanto coloca as compras na esteira rolante, Megan pergunta à moça do caixa, "e aí, como está seu dia?". A moça então começa a contar que teve uma discussão com o namorado por causa da vida sexual dele com a ex-namorada. Megan fica ali ouvindo o relato, mas está nervosa e incomodada.

Ponto subjacente: As revelações da moça do caixa são profundamente pessoais e inadequadas nessa interação.

Em geral, pessoas que compartilham demais não têm noção do quanto estão amolando os outros e violando limites. A fim de se conectar e criar proximidade, elas dão informações demais e, muitas vezes, ignoram os sinais não verbais dos outros de que a conversa passou do ponto aceitável.

Maneiras de lidar com o compartilhamento excessivo

1. Delicadamente, redirecione a pessoa para um assunto mais adequado.
2. Diga assertivamente, "bem, acho melhor continuarmos essa conversa em outra ocasião".
3. Diga algo como, "eu não me sinto preparado para ajudar nessa situação. Você se importa se mudarmos de assunto?".

TRANSFERÊNCIA DA CULPA

Sempre que Jamie tentava falar com o companheiro sobre a comunicação mútua, ele dizia que ela não esclarecia bem as próprias necessidades e insistia que os problemas dela nos relacionamentos anteriores se deviam à sua incapacidade de se comunicar direito. Jamie acabou se convencendo de que só ela tinha um problema e se sentia muito mal por fazer o rapaz aguentar isso.

Quando alguém tenta fazer você se sentir mal mesmo que não tenha feito algo errado, isso é transferência da culpa. Transferir a culpa é uma estratégia manipuladora para persuadi-lo a fazer o que a outra pessoa quer. Ela espera que você se sinta mal, obedeça ou concorde com alguma coisa, mesmo que você não tenha feito aquilo de que é acusado.

Exemplos de transferência de culpa

Cortando relacionamentos tóxicos
O pai de Rob era abusivo e o rapaz sentia que tinha de cortar esse relacionamento. Até na família, ele era alvo de escrutínio social. Tanto a família quanto seus amigos desaprovavam seu desejo de pôr fim ao relacionamento doentio. Sua irmã até disse, "ele é seu pai. Você tem de conversar com ele".

Ponto subjacente: A irmã de Rob desvalorizava a importância de estabelecer limites quando um relacionamento é nocivo.

Desinteresse em se relacionar com certas pessoas
Amy sabia que sua chefe era uma pessoa controladora. Então, quando a chefe a convidou para tomar uns drinques após o expediente, Amy declinou. Suas colegas então disseram, "você deveria ter ido e ao menos tomar um drinque".

Ponto subjacente: As colegas de trabalho de Amy não se sentiam confiantes para dizer não.

Ser específico sobre o que você gosta
Você resolve levar a própria comida a um jantar em família porque suas preferências alimentares diferem daquelas dos parentes. Sua prima pergunta, "por que você precisa de uma dieta especial? Nossa comida não é boa o suficiente?".

Ponto subjacente: Sua prima está questionando suas preferências e sugerindo que você deveria mudar.

Não agradar aos outros
Durante um almoço com velhas amigas do ensino médio, Carla disse, "eu não quero me casar nem ter filhos". Sua amiga Pat retrucou, "todo mundo deve ter filhos. Por que você não iria querer se casar? Você é tão boa".

Ponto subjacente: Pat tentou impor seus valores a Carla.

Dizer não sem dar uma explicação
Um amigo pede, "você pode me ajudar na mudança?". Você diz que não. Seu amigo diz, "como não? Eu preciso da sua ajuda". Há vezes em que é melhor explicar, mas lembre-se de como a pessoa reagiu no passado às suas explicações. Se ela aceitou a explicação e seguiu em frente, dê uma razão sucinta. Se explicar gerou uma discordância, justifique-se de maneira breve.

Ponto subjacente: As pessoas desejam explicação que lhes pareça válida.

Pessoas que transferem a culpa estão tentando ter suas necessidades atendidas, mas isso pode prejudicar as suas.

Maneiras de lidar com a transferência de culpa

1. Seja incisivo: "Seu objetivo é fazer com que eu me sinta mal pelas minhas decisões?"
2. Se coloque na conversa: "Não é nada pessoal, mas tenho minhas preferências".
3. Declare que já está decidido: "Pela sua reação, parece que você está tentando me fazer mudar de ideia".

MACROAGRESSÕES

Violações de limites que destroem a estrutura dos relacionamentos estão na categoria macro. Embora violações ocorram rotineiramente na dinâmica dos relacionamentos, macroviolações, como enredamento, codependência, Síndrome de Estocolmo e aversão à dependência, causam danos em longo prazo.

ENREDAMENTO

Em relacionamentos enredados, a individuação e os limites não são aceitáveis. Esses relacionamentos florescem à base da grande semelhança entre as duas pessoas. Se uma delas tentar impor limites, criar novos papéis ou mudar as dinâmicas, o relacionamento corre o risco de terminar.

Isso é enredamento:
- Incapacidade de ser diferente do outro no relacionamento.
- Falta de identidade individual.
- Senso vago do *self* separado da outra pessoa.
- Falta de limites.
- Confusão entre a quantidade e a qualidade do tempo que as duas pessoas passam juntas.
- Partilhamento excessivo.
- Absorver as emoções da outra pessoa como se fossem suas.
- A outra pessoa o rejeita quando tenta manter sua identidade individual.

Relacionamentos enredados violam limites das seguintes maneiras:
- Todas as pessoas nessa situação têm pouco espaço pessoal, emocional e físico.
- Os pensamentos de todos devem estar alinhados.
- Decisões importantes são baseadas no acordo mútuo e sem independência de pensamento.

A terapeuta Sharon Martin define enredamento como "relações familiares com limites frágeis, falta de separação emocional e demandas intrusivas por apoio ou atenção, o que impede as pessoas de desenvolverem um senso individual forte e independente". O enredamento prejudica as relações familiares, os namoros e os relacionamentos no trabalho.

Exemplos de enredamento

Ao começar a namorar, passa todo o seu tempo com a pessoa e assimila os gostos e preferências dela. Seus amigos e a vida que você levava antes repentinamente ficam para trás. Seu maior desejo era comprar uma casa nova, mas mudou de ideia após falar com seus pais. Afinal de contas, eles sempre sabem o que é melhor para você.

Sua amiga está tendo problemas com o companheiro e sempre lhe telefona para você resolvê-los. Você ajuda de bom grado porque quer vê-la feliz. Então, você é convocada para falar com o rapaz sobre o que você e sua amiga acham que é melhor para o relacionamento.

Limites para o enredamento

- Se você concordou em ajudar, pergunte como eles pretendem lidar com os problemas futuramente.
- É preciso haver espaço físico no relacionamento.
- Avalie sua necessidade de contato constante com a outra pessoa.
- Traga outras pessoas para o ambiente, a fim de ter apoio adicional.
- Antes de fazer confidências, pergunte se a hora e o lugar são adequados.
- Resgate ou crie sua identidade própria e separada dos outros.

CODEPENDÊNCIA

Em relacionamentos codependentes, nós acreditamos que devemos ajudar a outra pessoa a evitar as consequências, poupando-a de experiências desagradáveis. Assim, assumimos o papel de protegê-la, mas isso permite que a pessoa mantenha seu comportamento nocivo. Nós achamos que a pessoa que protegemos é desamparada e incapaz de se cuidar sozinha.

O termo "codependente" foi cunhado há décadas e é muito usado para descrever dinâmicas em famílias disfuncionais, especialmente quando há algum vício envolvido. Mas a codependência ocorre em qualquer relacionamento no qual as pessoas fiquem emocionalmente enredadas nos sentimentos e resultados dos outros. Em relacionamentos codependentes, é difícil separar os próprios sentimentos e os alheios.

A codependência é bem-intencionada, mas nós sofremos porque nossas necessidades não são notadas nem atendidas. Na realidade, como codependentes, temos dificuldade de distinguir nossas necessidades daquelas da outra pessoa.

Proteger é uma parte importante de um relacionamento codependente. Isso envolve apoiar os comportamentos nocivos de alguém por meio de ação ou inação. Em geral, a codependência é resultado de limites doentios.

Codependência é:

- Doar-se demais.
- Evitar conversas realistas sobre os problemas.
- Resolver as encrencas criadas pelos outros.
- Dar justificativas para o mau comportamento alheio.
- Atender às necessidades alheias em detrimento das próprias.
- Fazer coisas para as pessoas ao invés de ajudá-las a fazer as coisas por conta própria.
- Cuidar de pessoas com comportamentos tóxicos.
- Sentir o que acontece com outras pessoas como se fosse com você.
- Descrever os problemas alheios como se fossem seus.
- Ter dificuldade para existir no relacionamento sem ser "o salvador".
- Resolver prontamente os problemas alheios antes de pensar nos seus.

- Deixar as pessoas dependerem de você de uma maneira nociva.
- Manter relacionamentos unilaterais.

Em relacionamentos codependentes, uma ou ambas as partes dependem da outra para sobreviver. Portanto, a codependência gera ressentimento, esgotamento, ansiedade, depressão, solidão, exaustão e problemas graves de saúde mental. Estar sempre à disposição de alguém que não se cuida é estafante, mas os relacionamentos codependentes são danosos para todas as partes. As necessidades do protetor raramente ou nunca são atendidas e o protegido não aprende a satisfazer as próprias necessidades. Então, as duas pessoas pioram juntas nesse tipo de relacionamento.

Pessoas codependentes têm limites doentios, baixa autoestima, tendência a agradar todo mundo e necessidade de controle. Ao ajudar pessoas tóxicas, temos uma sensação de realização.

Quando estava na faculdade, adorava assistir ao *reality show Intervention* na televisão. Esse programa era sobre famílias e amigos que tentavam convencer algum familiar que tinha algum vício a aceitar ajuda profissional. Essas pessoas, geralmente, falavam como haviam ajudado a manter o vício do familiar, seja oferecendo dinheiro ou hospedagem.

Em alguns casos, as pessoas admitiam até que deixaram o viciado usar drogas em suas casas por acharem que era mais seguro. Na metade da temporada, os amigos e membros da família se encontravam com um *coach* de recuperação, o qual dizia que a codependência tinha que parar, a fim de que eles pudessem salvar seus entes queridos. O coach estimulava limites saudáveis.

Exemplos de codependência

Quando sai com amigos que sempre se embriagam, você não bebe e ainda por cima é pressionado a pagar drinques para eles. Quando um dos rapazes passa mal de tanto beber, você arca com a responsabilidade de levá-lo para casa e passa a noite por lá para ter certeza de que ele ficará bem. Seus amigos não ligam para a sua preocupação com o consumo excessivo de álcool deles. Ao perceber as consequências das ações deles e tenta salvá-los.

Você observa sua irmã desperdiçar dinheiro a ponto de ser incapaz de oferecer apoio financeiro aos filhos adolescentes. Em consequência, você se tornou uma espécie de pai postiço para sua sobrinha e o sobrinho. Eles lhe telefonam quando precisam de alguma coisa porque sabem que a mãe dirá não. Você ajuda porque não quer que seus sobrinhos sofram com a irresponsabilidade materna.

Limites para a codependência

- Defina expectativas claras em relação ao quanto você pode ajudar.
- Diga à outra pessoa como o comportamento dela o afeta.
- Apoie as pessoas sem fazer coisas para elas.
- Espere as pessoas pedirem ajuda, ao invés de oferecê-la antecipadamente.
- Respeite seu compromisso consigo mesmo em relação ao que irá tolerar ou não nos relacionamentos.
- Deixe claro que está reconhecendo os comportamentos tóxicos.
- Cuide-se bem.
- Faça as pessoas se cuidarem por conta própria.
- Ajude as pessoas, mas ensine-as a assumir suas responsabilidades.

SÍNDROME DE ESTOCOLMO

A Síndrome de Estocolmo é resultante de violações de limites emocionais e intelectuais. Esse termo surgiu em decorrência de um assalto a banco, em 1973, na Suécia, no qual os dois assaltantes e os quatro reféns passaram seis dias juntos e acabaram desenvolvendo laços fortes de amizade. No decorrer do tempo, a pessoa manipulada passa a acreditar que de certa maneira merece o que está acontecendo com ela. Ou, então, acha que o que é feito a ela é por acaso ou sem a intenção de fazer mal. A Síndrome de Estocolmo pode ocorrer em casos de sequestro, amizades, namoros e relações familiares.

Isso é a Síndrome de Estocolmo:

- Ser levado a acreditar que tem culpa de tudo (*gaslighting*).
- Romper e reatar relacionamentos doentios.
- Dar justificativas por ser maltratado pela outra pessoa.
- Sentir que não consegue sair de um relacionamento tóxico.
- Alternar entre agressividade e bondade.
- Não contar aos outros como você é tratado no seu relacionamento por temer que eles considerem isso um abuso.
- Não enfrentar alguém que o maltrata.

Exemplos de Síndrome de Estocolmo:

Jamie se culpava pelas dificuldades em seu relacionamento. Embora soubesse que seu namorado tinha problemas, ela assumia a culpa sempre que ele ficava nervoso. E não contava aos amigos que tinha esses problemas porque temia o julgamento deles sobre ela e seu namorado.

Seu pai é verbalmente agressivo. Ele diz que fica irado porque você não o escuta. Após os ataques verbais, ele fica carinhoso e lhe dá presentes singelos.

Seu amigo é maldoso com você diante de outras pessoas. Você sabe que ele não lida bem com situações sociais, então desculpa seu comportamento. Você acha que ele é maldoso só porque se sente incomodado.

Limites para a Síndrome de Estocolmo

- Seja claro sobre como quer ser tratado.
- Interrompa as pessoas imediatamente quando disserem alguma coisa maldosa ou que o incomode. Diga, "o que você disse me incomoda".
- Só partilhe seus problemas de relacionamento com pessoas confiáveis.
- Aja logo que notar um padrão nocivo se formando.

CONTRADEPENDÊNCIA

Contradependência significa o desenvolvimento de limites rígidos para manter distância emocional das pessoas. Os apegos pelos outros ficam prejudicados por essa aversão, pois você tenta evitar a conexão plena, mesmo que o relacionamento seja saudável.

Formas de contradependência:

- Dificuldade para se mostrar vulnerável.
- Incapacidade de pedir ajuda.
- Desconforto para aceitar a ajuda dos outros.
- Desinteresse pelas vidas dos outros.
- Preferência por fazer as coisas sozinho.
- Temor de ficar próximo dos outros.
- Distância emocional.
- Rapidamente sentir-se sobrecarregado quando as pessoas estão vulneráveis.
- Repelir as pessoas quando as coisas ficam graves.
- Sentimento constante de solidão.

Exemplos de contradependência

Você conhece uma moça agradável e tem vários encontros com ela. Tudo parece estar indo bem, mas você corta o relacionamento porque ela disse que gosta muito de você.

Seu amigo lhe envia um cartão muito carinhoso em seu aniversário, mas você não diz a ele o quanto apreciou esse gesto.

Limites para a contradependência

- Pratique contar detalhes de sua vida para os outros.
- Diga às pessoas como elas fazem você se sentir.
- Peça ajuda.
- Aceite se alguém oferecer ajuda.

Neste capítulo nós exploramos micro e macroviolações de limites em qualquer tipo de relacionamento – com colegas de trabalho, amigos, família, parceiros românticos e desconhecidos. Algumas violações são menores. Se um desconhecido viola sem querer seu espaço físico, talvez isso não tenha tanta importância. Mas se um colega de trabalho viola repetidamente sua necessidade de espaço físico, trata-se de um problema bem maior.

É vital não assumir a culpa pelo jeito que os outros o tratam nem dar justificativas para um comportamento alheio inaceitável. A maneira com que os outros o tratam tem a ver com eles, não com quem você é.

Exercício

Pegue seu caderno ou uma folha de papel para fazer o exercício a seguir.

- Como você imagina que sua vida seria após o estabelecimento de limites saudáveis?
- Em que relacionamentos você estabeleceu limites saudáveis?
- Que providências podem ser tomadas para resguardar melhor seus limites?

6

IDENTIFIQUE E COMUNIQUE SEUS LIMITES

Para ser amado, você não precisa abrir mão de seus limites.

❋

Desde pequeno, Eric sabia que seu pai, Paul, era alcoólatra, e o resto da família minimizava isso. A mãe de Eric dizia, "você sabe que ele não faz por mal", e sempre tinha bebidas em casa para o marido, embora ela mesma bebesse raramente. Nas reuniões de família, todo mundo bebia com Paul, embora seu comportamento sempre fosse piegas, vulgar e vexaminoso.

Mas Eric se cansou de minimizar o vício do pai, então, me procurou a fim de aprender a lidar com o problema. Eric me contou sobre as tentativas malogradas de reabilitação, em sua maioria motivadas pelas falhas de Paul no trabalho. Seu pai saía da reabilitação, ficava sóbrio por algumas semanas, mas voltava a beber em excesso novamente.

Eric se sentia culpado porque entre o final da adolescência e até ter vinte e poucos anos, muitas vezes, tomava cerveja com o pai. Aos 25 anos, porém, Eric não queria mais beber com ele, pois o pai sempre passava do ponto.

Em nossas sessões iniciais, Eric descreveu como era ser filho de um alcoólatra e como o ambiente doméstico era apavorante e imprevisível. Quando estava bêbado, Paul ficava verbalmente agressivo. Então, Eric nunca sabia o que esperar quando seu pai chegava em casa após o trabalho. Ele tentava ficar afastado porque vira seu irmão mais velho tentar enfrentar Paul, o que resultou em muita gritaria.

Certa vez, quando era criança, Eric perguntou ao pai: "Por que você bebe tanto?".

"O álcool é meu amigo", foi a resposta de Paul.

Quando perguntei como estava agora o relacionamento entre os dois, Eric disse que suas conversas giravam sempre em torno de Paul. Eric tentava distrair o pai e perguntava se ele havia comido alguma coisa. Paul era muito repetitivo e contava as mesmas histórias inúmeras vezes. Ocasionalmente, Paul telefonava irado para o filho e era verbalmente abusivo. Eric nunca entendeu o que desencadeava esses surtos de cólera.

Como sua mãe continuava dando justificativas para a instabilidade do marido, o relacionamento de Eric com ela também se desgastou. Ele perdeu a confiança, pois ela *sempre* tomava o partido de Paul. Tentar ajudar o pai estava sendo um fardo pesado demais para Eric.

A única coisa que Eric ainda não havia tentado para melhorar seu relacionamento com os pais era impor limites. Ele acreditava ter feito isso ao dizer para a mãe, "eu não gosto que o papai beba tanto" e, ocasionalmente, ignorando os telefonemas do pai. Mas eu expliquei delicadamente para Eric que essas tentativas eram passivo-agressivas.

Ao definir limites de maneira passivo-agressiva, nós dizemos alguma coisa indiretamente para a outra pessoa ou falamos com alguém que não pode resolver a questão. Eric foi indireto com seu pai a respeito de suas expectativas. Ele supunha que Paul entenderia, mas este continuou sem ter noção de nada. Ao invés de ser direto com o pai, Eric tentou por muito tempo ignorar as próprias preocupações e agir como se tudo estivesse normal. Por isso, seu comportamento era passivo-agressivo; ele agia movido pela frustração e não comunicava claramente seus desejos para o pai.

QUATRO MANEIRAS INÚTEIS DE COMUNICAR UM LIMITE

Passiva

Uma pessoa passiva pensa da seguinte maneira: "Fico incomodada ao falar sobre minhas necessidades. Portanto, não quero tocar nesse assunto".

Ser passivo é negar e ignorar suas necessidades para não incomodar os outros. Pessoas que se comunicam passivamente temem que os outros percebam suas necessidades e, talvez, as abandonem, então, nada fazem para ter suas necessidades atendidas.

Mais exemplos de passividade:

- Ter um problema e manter-se calado.
- Permitir que as pessoas façam e digam coisas com as quais você não concorda.
- Ignorar coisas que o perturbam.

Durante a terapia, Eric expressou frustração porque sua mãe não tomava atitude alguma em relação ao alcoolismo do marido. Ela reagia passivamente a ele, ignorava seu vício e queria que Eric e seu irmão fizessem o mesmo. Nas reuniões de família, ela tentava incluir Paul nas conversas, embora ele fosse beligerante e falasse enrolado.

Agressiva

Uma pessoa agressiva pode pensar e falar da seguinte maneira: "Você precisa saber o que me causa".

Comunicação agressiva é atacar outra pessoa com palavras e comportamentos ásperos, agressivos ou impositivos, ao invés de comunicar seu desejo. A agressividade exige, "eu quero que você saiba o quanto me aborreceu". Quando são agressivas, as pessoas não medem o quanto seus comportamentos afetam os outros. Intimidar os outros mediante o comportamento, insultos verbais ou agressões é ofensivo.

Mais exemplos de agressividade:

- Rebaixar os outros para se afirmar.
- Gritar, xingar e praguejar como táticas para impor sua opinião.
- Mencionar o passado para constranger as pessoas.
- Inventar "fatos" para fingir que tem razão.

- Confrontar pessoas para provocar uma briga.
- Usar humor cínico para ridicularizar, como "cruzes, como você está gorda! É só brincadeirinha, não precisa se chatear".

Ao contrário de Eric, seu irmão era agressivo com o pai deles e se referia abertamente ao alcoolismo de Paul. Desde a infância, ele enfrentava o pai gritando também. Rememorar vexames passados era outro expediente do irmão de Eric para rebaixar o pai.

Sempre que Eric tentava falar sobre essa agressividade, o irmão dizia, "eu puxei o papai". No entanto, à medida que envelhecia, Paul deixou de ser tão intimidante e apenas ocasionalmente tentava humilhar os filhos.

Passivo-agressiva

Uma pessoa passivo-agressiva pensa da seguinte maneira: "Vou negar o que sinto, mas insinuar isso". Às vezes, as pessoas não percebem que agem dessa maneira e nem sempre os outros entendem as razões por trás desse comportamento.

Por tratar clientes há mais de uma década, descobri que a agressividade passiva é a maneira principal de comunicar sentimentos e necessidades. Quando as pessoas descrevem seu comportamento passivo-agressivo, eu pergunto, "então, você não comunicou sua necessidade, mas a insinuou?". O problema é que as pessoas não adivinham nossas necessidades com base em nossas ações. Provavelmente, elas não sabem o que nosso comportamento significa ou nem notam que estamos tentando comunicar alguma novidade. Nossos desejos simplesmente têm de ser verbalizados.

Com a agressividade passiva, resistimos a estabelecer limites diretamente. Para evitar confrontos, nós esperamos que, ao darmos indiretas, a outra pessoa perceba o que está fazendo de errado e corrija seu comportamento. Mas não conseguimos o que queremos fingindo estar bem e evitando expor abertamente nossas necessidades. Ser indireto é contraproducente porque nossas necessidades continuam sem ser atendidas, o que nos deixa mais frustrados e oprimidos nas interações com os outros.

Mais exemplos de agressividade passiva:

- Estar aborrecido, mas não admitir isso.
- Fazer ataques verbais não relacionados à situação atual.
- Ficar de mau humor frequentemente, sem razão aparente.
- Desenterrar problemas do passado.
- Reclamar que a outra pessoa só fica focada em problemas.
- Fofocar sobre coisas que você só não resolve por preguiça.

Eric era principalmente passivo-agressivo. Ele se queixava do alcoolismo paterno com sua mãe, mas exceto por aquela pergunta que fez quando era criança, nunca mencionou o problema diretamente para Paul. Eric, às vezes, ignorava os telefonemas do pai, mas Paul não tinha como saber que isso ocorria porque o filho estava aborrecido. Paul podia supor facilmente que Eric estava muito ocupado para atender aos telefonemas. Eric achava que havia posto limites, mas isso era apenas uma impressão.

Manipulação

Manipulação consiste em fazer ou dizer coisas para que a outra pessoa se sinta culpada e faça o que o manipulador quer:

"Vou convencê-lo indiretamente a fazer o que eu quero".

Eu detecto "transferência de culpa" quando ouço frases como "convencê-lo a ____", "fazer com que eles ____" ou "persuadi-la a ____".

É verdade que manipular as pessoas, às vezes, traz os resultados desejados. Muitos adultos e crianças usam a manipulação para ter suas necessidades atendidas e insistem até a outra pessoa ceder.

No entanto, há uma diferença entre manipular e fazer um trato.

Ao fazer um trato, mesmo que seja injusto, ambas as partes estão cientes da combinação. Para crianças, fazer um trato é algo como, "se eu me comportar bem na escola, você me dá um chocolate quando eu chegar em casa?". Para adultos, pode ser algo como, "se eu assistir a um filme de ação com você, você assiste a uma comédia romântica comigo?".

A pessoa manipulada geralmente não sabe que está sendo explorada, mas fica confusa, pois o manipulador está tentando fazê-la se sentir mal. Portanto, a pessoa cede em coisas que normalmente se recusaria a fazer.

Mais exemplos de manipulação:

- Você causa um problema, mas joga a culpa na outra pessoa (*gaslighting*).
- Pede ajuda no último minuto e diz à pessoa que não havia outras opções.
- Conta uma história para despertar piedade.
- Omite partes cruciais da história para persuadir a pessoa a apoiá-lo.
- Nega afeto para que a pessoa se sinta mal ou mude seu comportamento.
- Usa os papéis no relacionamento para apontar que a pessoa "deveria" fazer certas coisas; por exemplo, "esposas devem cozinhar" ou "você deveria ver sua mãe diariamente".

Paul manipulava sua mulher dizendo o quanto seu trabalho era estressante e que só conseguia desanuviar bebendo. Quando Eric falava com a mãe sobre o vício de Paul, ela dizia, "a vida é muito dura para ele. O trabalho dele é muito puxado e ele é uma pessoa sensível". Ela justificava as atitudes de Paul porque tinha pena dele.

ASSERTIVIDADE É A CHAVE

Uma pessoa assertiva pensa da seguinte maneira: "Eu sei quais são minhas necessidades e vou comunicá-las para você".

A maneira mais saudável de comunicar seus limites é ser assertivo. Ao contrário de todas as formas de comunicação ineficazes já mencionadas, a assertividade consiste em afirmar clara e diretamente suas necessidades.

A assertividade envolve comunicar seus sentimentos abertamente e sem atacar os outros. Sem ser impositiva, ela é uma maneira de fazer com que as pessoas o ouçam.

Mais exemplos de assertividade:

- Dizer não a qualquer coisa que você não queira fazer.
- Dizer às pessoas como você se sente em virtude do comportamento delas.
- Expor seus pensamentos sinceros sobre suas experiências.
- Reagir imediatamente.
- Ao invés de falar com uma terceira parte, falar diretamente com a pessoa que o incomoda.
- Expor claramente suas expectativas, ao invés de supor que as pessoas irão adivinhá-las.

Colocar limites também implica melhorar sua capacidade de ser assertivo. Exponha-os sem ser passivo, manipulador, agressivo nem passivo-agressivo. Se quiser estabelecer limites saudáveis, é preciso fazer isso assertivamente.

COMO TER ÊXITO AO COMUNICAR UM LIMITE

Seja assertivo e siga esses três passos fáceis (ou no mínimo viáveis).

Meu filme favorito com Julia Roberts é *Uma Linda Mulher*. Ela interpreta Vivian, uma prostituta que se apaixona por um de seus clientes, o executivo Edward, interpretado por Richard Gere. Ele é charmoso, mas ela é cética. Algumas pessoas tentam impedir que o romance decole. Mas o amor vence no final e eles vivem felizes para sempre (assim espero).

Vivian não se intimida por Edward ter muito dinheiro e mantém os padrões que estabeleceu. Uma das minhas falas favoritas é quando Vivian diz, "eu decido *quem*, *quando* e *quanto*". Ela estabelece limites e, quando as pessoas não os respeitam, retira-se da situação.

1º Passo

Seja claro e o mais franco possível. Controle seu tom – não grite, nem sussurre. Pessoas não ligarão para o limite se você usar palavras complicadas ou ininteligíveis. Respire fundo e foque em ser preciso.

2º Passo

Afirme diretamente sua necessidade ou pedido, ou diga não. Não mencione apenas o que o desagrada; peça o que você precisa ou quer. Exponha suas expectativas ou recuse a oferta.

Aqui estão alguns exemplos do primeiro e do segundo passos mesclados:

- Um amigo o convida para uma festa, mas você não quer ir. "Obrigado pelo convite, mas desta vez vou declinar".

- Você está cansado de ouvir seu amigo reclamar do trabalho. "Veja bem, já entendi que seu trabalho é frustrante. Você já pensou em expor suas frustrações para alguém do departamento de Recursos Humanos ou do Programa de Assistência aos Funcionários".

- Sua mãe fofoca com você sobre a nova namorada do seu irmão. "Eu não fico à vontade para falar dessa maneira sobre ela. Por favor, seja gentil com ela porque John a ama".

- Seu companheiro ou companheira frequentemente menciona que você engordou. "Eu não gosto quando você fala sobre o meu peso; por favor, pare".

Eric não conseguia identificar os limites que queria estabelecer. Ao falar sobre os problemas de sua família, ele percebeu que precisava impor limites não só para seu pai, mas também para sua mãe e o irmão. Como falava com mais frequência com a mãe, ele começou por ela impondo um limite para aquilo que mais o incomodava: "Quando falo sobre meus problemas com o papai, quero que você escute sem defendê-lo".

Eric sentiu culpa após impor o limite para a mãe e se preocupava que os próximos encontros fossem embaraçosos. Mas na nossa sessão seguinte, Eric relatou que seu relacionamento com a mãe havia melhorado.

Ele também impôs um novo limite para seu irmão: "Por favor, pare de arrumar confusão com o papai nas reuniões de família". Inicialmente, o irmão negou ser agressivo, mas, por fim, eles tiveram uma boa conversa sobre como eram impactados pelo alcoolismo do pai.

Eric sabia que precisaria de mais tempo para processar o que diria ao seu pai. Esse seria a conversa mais difícil para ele.

3º Passo
Lidar com o desconforto resultante de estabelecer limites é a parte mais difícil. O desconforto é o motivo principal para desistir de impô-los e é comum sentir culpa, temor, tristeza, arrependimento ou embaraço após fazer isso.

Culpa

Uma pergunta que me fazem com muita frequência é "como estabeleço limites sem me sentir culpado?". Não existem limites sem culpa, pois ela faz parte do processo e resulta da impressão de que você está fazendo uma "maldade". É preciso se programar para dizer às pessoas o que você precisa ou deseja.

Desde o nascimento, tudo conspira para sentirmos culpa por ter desejos e necessidades. Alguns pais até obrigam as crianças a ignorarem os próprios limites. Involuntariamente, cuidadores podem obrigar as crianças a abraçarem adultos a contragosto. Quando a criança não obedece, os cuidadores partem para a manipulação dizendo, "você está sendo teimosa" ou "é feio fazer isso". Com essas reprimendas, as crianças aprendem que devem se sentir culpadas por tentar agir de acordo com os próprios limites.

Por exemplo, um adulto diz, "venha cá me dar um abraço". A criança diz, "eu não quero lhe dar um abraço". O adulto então responde, "isso me deixa muito triste", com a intenção de culpabilizar.

Algumas crianças são condicionadas a ser vistas, porém, não ouvidas. Os adultos lhes ensinam que pedir o que querem ou ter limites saudáveis é desrespeitoso. Assim, quando forem adultas, elas terão dificuldade para se livrar dessa maneira antiquada de pensar, pois temem ser rotuladas de encrenqueiras ou difíceis de lidar.

Mas o fato é que é correto pedir o que você quer. Afirmar suas necessidades é saudável e você pode batalhar pelos seus interesses sem ser desrespeitoso.

A culpa é apenas um sentimento, não uma limitação para estabelecer limites. E, como todos os sentimentos, ela vem e passa. Ao invés de tratar sua culpa como se fosse a pior coisa possível, encare-a como parte de um processo complexo – ela é apenas um fragmento, não a experiência toda.

Então, como você lida com a culpa quando ela se manifesta? Sinta a culpa, mas não se concentre nela. Focar demais nas emoções apenas as prolonga. Você pode seguir em frente mesmo se sentindo culpado.

Obviamente, certas coisas te empolgaram, sem tirar seu foco, certo? Mas não parou tudo por causa disso, certo? Seu trabalho foi feito, você não ficou deitado o dia todo. Sua agenda foi mantida, mesmo com a empolgação em outro objeto. Portanto, é perfeitamente possível tocar sua vida enquanto se sente culpado.

Caso você esteja se sentindo culpado, aqui estão alguns lembretes:

- Ter limites é saudável.
- Você respeita os limites das outras pessoas.
- Estabelecer limites indica um relacionamento saudável.
- Se limites arruinarem um relacionamento, terminaria mais cedo ou mais tarde.

Por fim, se a culpa estiver incomodando muito, faça sua prática favorita de autocuidado e alguma técnica para se centrar, como meditação ou yoga.

Medo

Quando temos medo, supomos o pior. Meus clientes dizem, "as pessoas vão agir de forma estranha", "fico sem jeito" ou "as pessoas podem me abandonar se eu tentar de novo impor meu limite". Obviamente, não há como saber qual será a reação da outra pessoa à sua assertividade, mas é compreensível evitar estabelecer limites para uma pessoa notória por seus acessos de cólera e raiva. Mas nós nos vitimizamos ainda mais quando deixamos que o medo nos impeça de fazer o que é preciso.

Ao expor nossas expectativas, temos a preocupação de dizer a coisa certa. A "coisa certa" é uma questão de afirmar o que nós precisamos por meio da assertividade.

No caso de Eric, nós exploramos hipóteses de como seu pai reagiria. Eric temia o pior – o pai gritando, insultando e dando murros nas paredes. Afinal de contas, seu pai já tivera muitos acessos de cólera por ofensas muito menores. Eric não se lembrava de uma só vez em que alguém houvesse imposto limites ao seu pai.

No entanto, Eric subitamente se deu conta de que sua mãe havia imposto regras domésticas que seu pai obedecia, como tirar os sapatos junto à porta, não fumar em casa e ir à igreja aos domingos. Então pensou em outras regras que o pai seguia no trabalho, em situações sociais e com outros membros da família, e percebeu que ele era capaz de respeitar limites quando queria.

Tristeza

Ouço muitas pessoas dizerem, "eu só quero ser amável". Nós ficamos tristes porque supomos que estabelecer um limite magoará alguém e que as pessoas serão incapazes de aceitar isso. Mas isso também é pensar no pior cenário possível.

Tenha em mente que é impossível adivinhar o que a outra pessoa sente, então, espere que ela se pronuncie a respeito.

Às vezes, você fica triste porque queria que as pessoas em sua vida apenas "captassem" suas necessidades e se emendassem, embora não tenha declarado isso diretamente. Quando alguém o obriga a impor um limite, isso indica que você se sente menosprezado nesse relacionamento.

Remorso

"Será que eu disse a coisa errada?" Nós ficamos pensando se

fomos longe demais, intervimos asperamente ou "demos um gelo" na outra pessoa. Logo após afirmar o limite, podemos nos questionar: "caramba, o que acabei de dizer?".

É verdade que não dá para retirar o que foi dito. No entanto, expressar alguma coisa difícil também pode recuperar e melhorar seus relacionamentos. Seja corajoso e afirme seu limite; isso poderá mudar sua vida de muitas maneiras positivas.

Embaraço

"As coisas vão ficar esquisitas". Essa é outra preocupação comum, mas diga a si mesmo, "aja normalmente". Apegue-se à certeza de que estabelecer limites não o torna uma pessoa má, e sim saudável. Reconheça que fez algo positivo para si mesmo e aja da maneira habitual no relacionamento. Se você tinha o hábito de falar com a pessoa diariamente, telefone para ela no dia seguinte. Supor que a energia entre vocês ficará estranha gerará justamente o incômodo que você queria evitar. Portanto, suponha que as pessoas respeitarão seus limites e agirão de acordo.

MANEIRAS DE COMUNICAR LIMITES

Nos relacionamentos atuais

- Identifique as áreas que requerem a imposição de limites.
- Afirme suas necessidades claramente.
- Não se explique nem faça um relato detalhado do motivo de seu pedido.
- Seja coerente com seus limites.
- Reafirme suas necessidades sempre que for necessário.

Em novos relacionamentos

- Mencione casualmente o que você quer nas conversas com pessoas que ainda está conhecendo.
- Tenha uma conversa franca sobre o quanto se importa em

ter suas necessidades atendidas.
- Seja claro sobre suas expectativas.
- A primeira vez que alguém violar seus limites, chame a atenção da pessoa imediatamente.
- Reafirme suas necessidades.

Limites para pessoas difíceis

Eric tinha certeza de que seu pai criaria dificuldades. Mesmo após se dar conta de que o pai respeitava limites em outras situações, ele não se convencia que o pai ouviria seu grande pedido. Eric queria que o pai parasse de telefonar quando estava embriagado e que ficasse sóbrio nas reuniões da família. Em última instância, Eric não queria ignorar o alcoolismo do pai, pois sua intenção era apoiá-lo.

Ele decidiu que seu primeiro limite seria para o pai não telefonar quando estivesse embriagado e que diria isso na próxima vez que a violação ocorresse. Ele ficou buscando as palavras exatas que usaria, pois não queria errar. Ele diria "papai, não quero conversar com você quando estiver embriagado. Só me telefone quando estiver sóbrio que aí eu converso com prazer".

Na semana seguinte, Eric estava ansioso para me contar o que aconteceu. Ele estava meio aliviado e meio frustrado. Assim que expressou o limite, seu pai ficou defensivo e negou estar embriagado. Ele chamou Eric de mentiroso e questionou como ele ousava lhe dizer como tinha de se comportar. Eric ficou totalmente confuso sobre como deveria agir após essa conversa explosiva.

Aqui estão algumas reações possíveis de pessoas difíceis quando você tenta estabelecer um limite:

Relutância
Elas ignoram o limite colocado e continuam fazendo o que querem.

Testam os limites
Elas tentam agir furtivamente e manipular ou enganar você. Elas tentam fazer o que querem, mas de maneira sutil.

Racionalizam e questionam
Elas desafiam a razão e a validade de seu limite.

Defensividade
Elas desafiam o que você disse ou o seu caráter, ou dão justificativas para o próprio comportamento ofensivo.

Punição com silêncio
Elas param de falar com você porque não gostaram do que escutaram. Essa tática é usada para que você retire seu limite.

Você tem de aceitar essas reações. Ao estabelecer limites para pessoas difíceis, resolva de antemão como você lidará com as potenciais consequências.

Por exemplo, quando alguém viola seu limite, você pode:

1. Reafirmá-lo assertivamente.
2. Aponte a violação imediatamente. Não deixe a oportunidade passar para só mencionar, posteriormente, esse agravo.
3. Aceite que essas pessoas difíceis têm o direito de reagir de modo diferente do que você gostaria.
4. Não leve isso para o lado pessoal. Afinal, elas sempre querem fazer as coisas à sua maneira e você está pedindo que façam algo incômodo e difícil.
5. Administre seu desconforto.

Eric decidiu manter o limite que expôs ao seu pai. Na vez seguinte que o pai estava embriagado e telefonou, Eric disse firmemente, "pelo jeito você andou bebendo, então falo com você em outra ocasião". E desligou o telefone sem esperar a resposta do pai.

À medida que permanecia firme, Eric notou que os telefonemas do pai quando estava embriagado rarearam, mas quando ocorriam, ele reafirmava seu limite e desligava.

O PERÍODO DE ADAPTAÇÃO

Dê tempo para as pessoas se adaptarem aos seus limites. Se você tolerava certos comportamentos problemáticos no passado, a outra pessoa provavelmente ficará chocada e poderá dizer coisas como:

"Até então, meu alcoolismo nunca havia sido um problema".
"Por que você mudou de repente?"

Durante o período de adaptação, provavelmente será preciso repetir seus limites, mas tente não se explicar. É fundamental que eles façam parte da rotina. Fazer vista grossa a violações, seja porque você não está a fim de discutir ou porque a violação foi leve, significa voltar à estaca zero.

Estabelecer limites é uma novidade para você e a outra pessoa. Então, ambos têm de se adaptar aos novos padrões no relacionamento.

Afirmações de limites: eu quero..., Eu preciso..., Eu espero...

Os melhores limites são fáceis de entender. Começar dizendo "eu preciso", "eu quero" ou "eu espero" o ajuda a ficar centrado em seu verdadeiro eu.

Aqui estão alguns exemplos afirmativos de "eu quero":

Quero que você pare de perguntar quando eu vou me casar e ter filhos.
Eu quero que você pergunte o que estou sentindo, ao invés de fazer suposições.

Aqui estão alguns exemplos afirmativos de "eu preciso":

Eu preciso que você vá buscar o bolo antes da minha festa.
Eu preciso que você me telefone antes de aparecer por aqui.

Aqui estão alguns exemplos afirmativos de "eu espero":

Eu espero que você vá à minha formatura.

Eu espero que você devolva meu carro com o tanque cheio de gasolina.

AJA PARA MANTER SEUS LIMITES

É difícil afirmar limites, mas mantê-los é ainda mais complicado, pois as pessoas captam o que você demonstra. Caso peça aos outros para tirarem os sapatos antes de entrar na sua casa, você também deve fazer o mesmo, caso contrário, seu comportamento servirá de justificava para que eles desrespeitem seus limites. Portanto, seja um exemplo excelente das atitudes que solicitou aos outros. Outra parte de manter o limite estabelecido é decidir o que fará se ele for violado. Caso não tome uma atitude, estará violando o seu próprio limite.

Após colocar seu limite inicial, Eric se preparou para impor o limite máximo para seu pai. Uma semana antes do Memorial Day, Paul disse, "papai, vou fazer um churrasco na minha casa. Eu espero que você chegue sóbrio e não beba. Caso se embriague, vou pedir para você se retirar".

Para manter seu limite, Eric pediu à sua mãe e ao irmão que ficassem de olho no pai. No churrasco, Eric notou que Paul estava perto do cooler com as cervejas, então reafirmou claramente sua expectativa. Paul minimizou a preocupação de Eric, mas se afastou do cooler. Não foi fácil reafirmar suas necessidades, mas Eric também sentiu que foi benéfico para seu pai não beber no churrasco.

COMO LIDAR COM VIOLADORES HABITUAIS DE LIMITES: QUAL É O MELHOR MÉTODO DE COMUNICAÇÃO?

Use os meios necessários para afirmar seu limite. Provavelmente, você já ouviu dizer que a melhor maneira para isso é tendo uma conversa pessoalmente. Mas caso seja mais fácil e te deixa mais à vontade, envie uma mensagem de texto ou e-mail.

Assim como na comunicação cara a cara, não permita que a

conversa fique detalhada ou se disperse. Não recorra a histórias do passado para explicar por que se sentiu mal por tanto tempo e decidiu impor um limite. Desviar-se do roteiro claro e conciso aumenta a probabilidade de seu e-mail ou mensagem de texto se transformar em um intercâmbio acalorado.

Portanto, as mesmas regras se aplicam no contato ao vivo ou digital: sempre seja claro usando um fraseado simples e direto.

O QUE EVITAR AO ESTABELECER LIMITES

Jamais, de modo algum, peça desculpas

Em uma enquete que fiz no Instagram, 67% dos participantes afirmaram que não *conseguem impor limites sem se desculpar ou se explicar.*

Não peça desculpas por ter ou estabelecer limites. Pedir desculpas dá a impressão de que suas expectativas são negociáveis ou que você não acredita que pode pedir o que quer. Se você precisar rejeitar um pedido, tampouco peça desculpas.

Tente dizer algo como:

"Obrigado, mas desta vez não será possível".

"Eu não posso ajudá-lo desta vez".

"Eu espero que você se divirta, mas não poderei ir".

Não vacile

Não permita que as pessoas se safem nem uma vez quando violarem seus limites. Essa primeira vez pode se transformar rapidamente em duas, três ou quatro vezes, então, você terá de recomeçar tudo do zero.

Não fale demais

Abstenha-se de explicar todos os detalhes do seu limite para as pessoas. Responda no máximo a uma ou duas perguntas, mas seja firme e sucinto. Lembre-se de que as pessoas podem estar buscando um jeito de fazê-lo mudar de ideia. Atenha-se o máximo possível à declaração original.

RAZÕES COMUNS PARA AS PESSOAS DESRESPEITAREM LIMITES

- Você não está mantendo seus limites com elas.
- Seu tom de fala não foi firme.
- Você não expôs uma necessidade ou uma expectativa.
- Seus limites são flexíveis. Em um momento eles são a rígidos; no outro deixam de ser.
- Você supõe que as pessoas mudarão de atitude naturalmente, mesmo que não diga a elas o que precisa ou quer.
- Você acha que é suficiente afirmar seu limite só uma vez.
- Você pede desculpas por ter limites.
- Você menciona as consequências e não as leva a sério.

Se quiser que as pessoas respeitem seus limites, inicialmente você tem de respeitá-los.

Dicas rápidas para lidar com violações de limites

1ª Dica

Manifeste-se imediatamente. Ao silenciar, você pode dar a impressão de que não se incomodou com as falas e atitudes das pessoas. Sua fala não precisa ser bem elaborada ou perfeita. Diga simplesmente algo como "eu não gostei disso". Dizer qualquer coisa é melhor do que se calar.

2ª Dica

Verbalize seus limites para os outros de forma orgânica durante a conversa, como "eu não gosto quando as pessoas aparecem de surpresa na minha casa".

3ª Dica

Se alguém violar um limite já verbalizado, diga o quanto está aborrecido e reafirme o que espera.

4ª Dica
Não deixe as pessoas se safarem nem sequer uma vez.

REVISÃO SOBRE O QUE DIZER E COMO DIZER

Há várias maneiras de comunicar um limite:

Passiva: Deixar as coisas frouxas.
Passivo-agressiva: Mostrar que está aborrecido, sem afirmar claramente suas necessidades para a outra pessoa.
Agressiva: Ser rígido, inflexível e exigente em relação ao que você precisa.
Manipuladora: Tentar furtivamente ter suas necessidades atendidas.
Assertiva: Dizer às pessoas exatamente o que você deseja de maneira clara e firme.

> *Exercício*
>
> Pegue seu caderno ou uma folha de papel para fazer o exercício a seguir. Pense em um limite que você precisa estabelecer para alguém.
>
> - Anote seu limite fazendo uma afirmação usando "eu": eu quero, eu preciso, eu gostaria ou eu espero. Não escreva a palavra "porque" na sua frase. Não se explique nem peça desculpas. É correto começar com pequenos pedidos. Escolha o limite mais fácil para comunicar.
> - Como você prefere declarar o seu limite para a outra pessoa? Pessoalmente, por mensagem de texto ou por e-mail? Faça o que lhe parecer mais fácil e adequado.
> - Volte ao primeiro parágrafo desta lista. Sua afirmação é assertiva? Nesse caso, prossiga. Caso contrário, reconsidere como expor sua expectativa.
> - Decida quando quer comunicar seu limite – agora ou na próxima vez em que ele for violado. Mais uma vez, faça como preferir.

- Amenize seu desconforto após comunicar seu limite. Centre-se imediatamente fazendo uma prática de autocuidado. Por exemplo, meditar, escrever em seu diário ou sair para caminhar.

7

LINHAS INDISTINTAS: DEMARQUE-AS BEM

Limites são passos assertivos que você dá de maneira verbal e comportamental para criar uma vida pacífica.

Chloe estava ficando cansada de sempre ajudar Ray, seu irmão mais velho. Afinal de contas, não faria mais sentido ela precisar de auxílio?

Em sua opinião, Ray era um rapaz imaturo e sempre dependente de alguém – da ex-mulher, da namorada, de seus pais ou de Chloe. Manipulador, ele sempre pedia dinheiro emprestado, mas nunca devolvia. Certa vez, Chloe realmente precisava que ele lhe pagasse o que devia, mas acabou sendo obrigada a pedir um empréstimo para uma amiga.

Ela tinha relações bem estreitas com a cunhada, as duas sobrinhas e o sobrinho do primeiro casamento de Ray. Mas durante o divórcio, ele obrigou Chloe a tomar partido dizendo que cortaria relações se ela continuasse em contato com sua ex-mulher.

Em meu consultório, Chloe disse o quanto queria ter um relacionamento "verdadeiro" com o irmão – baseado em apoio mútuo, não no que ela podia fazer por ele. Ela descreveu Ray como egocêntrico e narcisista. Ele vivia falando o quanto detestava a ex-mulher, seu chefe "horroroso" e o quanto sua mãe lhe dava nos nervos. Chloe ouvia essas reclamações, mas sabia que ele era culpado pela maioria dos problemas.

Ela culpava a mãe, que tratava Ray como um príncipe quando eles eram crianças. Mesmo adulto, Ray continuou sendo o favorito. Sempre que as coisas não saíam como o desejado, ele tinha acessos de raiva e a mãe cedia. Quando Chloe não lhe dava o queria, ele falava mal dela para a "mami".

Ela se sentia usada e sugada emocionalmente pelo irmão. Mesmo assim, quase sempre atendia quando ele telefonava. E quando não atendia, ela se sentia extremamente culpada e ouvia a voz da mãe dizendo, "mas ele é seu irmão".

Quando tentava impor limites para Ray, Chloe dizia algo como, "essa é a última vez que lhe empresto dinheiro". Mas, assim como sua mãe, ela acabava cedendo. Ela pensava nos três sobrinhos e temia que se não ajudasse Ray as crianças sofreriam privações materiais.

Mas Chloe percebia que tinha de impor limites para Ray, então buscou minha ajuda. Ela não entendia por que os limites que impusera no passado não haviam funcionado e questionava até se devia continuar se relacionando com ele.

Qualquer coisa que Chloe dizia à mãe caía nos ouvidos de Ray. Então, na esperança de que ele ouvisse indiretamente, ela contou à mãe que se incomodava por Ray sempre se colocar no centro de tudo. Mas Chloe nunca descobriu se a mãe contou isso para a Ray. A mãe só dizia, "Chloe, família é família, não importa o que você ache dela".

Ela até me perguntou, "é normal eu não *gostar* da minha família?", pois se sentia péssima por isso. Há anos tentava ser uma "boa" irmã, mas estava exausta de ser a única que tentava tornar esse relacionamento saudável.

LIMITES INDISTINTOS

Limites indistintos se instauram quando não somos explícitos sobre o que queremos, precisamos ou esperamos da outra pessoa. Ao invés de ser diretos, nós fofocamos ou não dizemos aos outros o que queremos. E podemos infringir os limites alheios ao impor nossos valores ou ao aconselhar, sem ser solicitados, sobre como devem se envolver com as pessoas.

Chloe se sentia culpada por estabelecer limites indiretamente para Ray e por fofocar sobre ele com a mãe. Ela também comentava frequentemente com a mãe sobre o estilo de vida de Ray: "Ele teria mais dinheiro se tivesse ficado com sua mulher" e "Ele não precisaria da minha ajuda se procurasse um emprego melhor". A mãe dizia que Chloe "devia" apoiar a família em tudo, mas isso ia contra seus princípios.

O ponto principal é que limites indistintos não são eficazes para mudar nossos relacionamentos.

Desdobramentos dos limites indistintos

1: Fofocar

Certas pessoas têm o costume de fofocar para se conectar, especialmente com quem não conhece bem. A fofoca maliciosa consiste em fazer comentários depreciativos ou divulgar detalhes íntimos de alguém próximo. Com a intenção de descarregar nossas frustrações, contamos aos outros o que gostaríamos de dizer à pessoa sobre a qual estamos falando. Mas a pessoa que está escutando não pode nos ajudar a resolver os problemas com outras pessoas. Ao revelar detalhes pessoais de alguém, ferimos de maneira passivo-agressiva sua reputação.

2: Dizer às pessoas como devem gerir suas vidas

Às vezes, a ajuda alheia (solicitada ou não) é repleta de intromissões – "vou lhe dizer como gerir sua vida". Quando compartilhamos um problema, a pessoa pode achar útil dizer, "você precisa ____". Esse é um problema comum de limites nas famílias, pois os pais continuam dizendo aos filhos maiores de 18 anos o que deveriam fazer. Quando as pessoas contam seus problemas, pode ser difícil só ouvir sem dar conselhos, mas, geralmente, esse é o melhor apoio possível.

Dizer às pessoas o que devem fazer em suas vidas as impede de resolver os próprios problemas. Kate McCombs, educadora e blogueira especializada em relacionamentos e sexo, diz que a pergunta ideal para quem está com dificuldades é, 'neste momento, você quer *empatia* ou uma *estratégia*?'. É comum supor que os outros estejam automaticamente querendo nossa opinião sobre o que devem fazer, mas nem sempre é esse o caso.

Em uma enquete recente no Instagram, eu perguntei: "O que você prefere quando está com um problema? A: Conselho; ou B: Um bom ouvinte?". Mais de 70% dos 4.000 participantes disseram, "B: Um bom ouvinte". Ao que parece, a maioria de nós só quer ser ouvida.

Um limite fundamental é aprender a ouvir sem dar conselhos nem perguntar, "você quer que eu ouça ou dê algum retorno?" Deixar as pessoas escolherem até que ponto querem seu envolvimento é uma maneira muito tocante de apoiá-las, enquanto se abrem com você.

3: Instruir os outros sobre o que devem tolerar ou não nos relacionamentos

"Se estivesse na sua pele, eu iria _____". Nos relacionamentos, todos nós conseguimos suportar várias coisas em diferentes níveis. Quando dizemos o que *nós* faríamos se _____, isso priva a outra pessoa da oportunidade de decidir os próprios limites. Apenas ouvir é uma prática útil.

4: Impingir seus valores aos outros

Celeste Headlee, autora de *We Need to Talk*, aconselha: "Para ter boas conversas, às vezes, é preciso questionar as próprias opiniões. Vale a pena colocar alguma crença de lado, temporariamente, para aprender com alguém que discorde. E não se preocupe, pois, suas crenças ainda estarão lá quando a conversa acabar". Todo mundo tem direito a ter opinião, mas a opinião da outra pessoa sobre a sua vida não vale mais do que a sua.

REAFIRME/RELEMBRE SEU LIMITE

Ao reafirmar um limite, use a mesma estratégia de quando o estabeleceu: seja claro, afirme sua necessidade e lide com o seu desconforto. As violações não podem passar em branco. Permitir deslizes dá a impressão de que você não falou sério sobre suas expectativas.

Chloe tinha dificuldades em manter seus limites. Mesmo ameaçando que não ajudaria na próxima vez, cedia e repetia a ameaça de negar ajuda futura. Ela não respeitava seus limites, pois temia que seu irmão a impedisse de ver os sobrinhos, mesmo que ele nunca tenha feito essa ameaça.

Chloe e eu decidimos que uma reação mais imediata seria relembrar seu limite dizendo algo simples como "eu não posso ajudá-lo". Eu a aconselhei a não dar explicações nem fazer promessas em relação ao futuro. Ela simplesmente diria não.

DIMINUIR SUAS INTERAÇÕES

O tempo é uma das seis áreas que requerem limites. É preciso definir a frequência e o momento no qual doará seu tempo aos outros. Você não é obrigada a dar seu tempo de graça para as pessoas que lhe sugam emocionalmente. Não é sua "obrigação" atender ao telefone, responder a mensagens de texto ou a e-mails. Você pode recusar quando as pessoas lhe fazem pedidos, como "você pode me ajudar na mudança?". É correto impor limites a pessoas que não os têm.

Chloe achava impossível diminuir suas interações com Ray. Sua mãe perguntava constantemente, "tem falado com seu irmão?". Se ela dissesse que não, a mãe pressionava, "ligue para saber como ele está". A mãe incumbiu Chloe de manter a comunicação com ele.

Antes de impor limites temporais para Ray, em princípio, Chloe teria de dizer à mãe para parar de pedir que ela se comunicasse com ele e para parar de impingir os próprios valores sobre a importância da família.

Felizmente, impor o limite para Ray foi menos difícil do que Chloe esperava. Ela simplesmente parou de telefonar para ele a cada dois dias. Como sempre era ela quem mais entrava em contato, Ray inicialmente nem notou.

A situação com sua mãe era mais complicada. Apesar da solicitação para parar, a mãe continuou frisando a importância da família. Portanto, Chloe precisava de novas maneiras de conduzir o diálogo com a mãe.

DAR ULTIMATOS

Um ultimato é uma escolha dada a alguém para mudar ou arcar com as consequências que pretendemos impingir. Se um ultimato for desrespeitado, isso representa uma ameaça. As pessoas não respeitam ameaças, mas podem aprender a respeitar ultimatos.

Exemplos de ultimato

Afirmação
"Eu pedi para você telefonar antes de vir. Caso venha sem avisar novamente, não abrirei a porta".

Ação
Não abrir a porta quando a pessoa violar o seu limite.

Afirmação
"Não quero que você conte meus assuntos pessoais para os outros. Se você fizer isso, vou parar de lhe contar as coisas mais íntimas".

Ação
Parar de se abrir com a pessoa que violou seu pedido de privacidade.

Ultimatos são saudáveis quando usados como ferramenta para executar e manter seus limites e estão ancorados em consequências razoáveis, como foi mencionado anteriormente. Ultimatos não são saudáveis quando as consequências são punições ou quando você ameaça as pessoas para conseguir o que deseja.

Ultimatos saudáveis

"Se você não estiver pronta às sete horas, vou pegar um táxi e ir sozinho".

"Se descobrir que você voltou a beber, não vou lhe emprestar dinheiro".

"Se você não me disser logo o que quer jantar, vou decidir sozinha".

Ultimatos nocivos

"Nós precisamos ter filhos ou a relação acabou".

"Caso saia com seus amigos, não vou falar com você pelo resto da semana".

"Caso não trabalhe até tarde hoje à noite, não vou lhe dar aquela folga que você pediu".

Chloe e eu trabalhamos juntas para que ela pudesse dar um ultimato eficaz. A questão não era cortar o relacionamento com sua mãe, pois, em geral, era saudável. Ela só queria que a mãe parasse de falar sobre Ray. Então, Chloe resolveu dizer o seguinte:

Afirmação

"Mãe, pedi para você parar de falar sobre a importância da família e de insistir que eu sonde como Ray está. Eu sei que é difícil para uma mãe ver os filhos tendo um relacionamento doentio. Mas se você desrespeitar meu limite, vou encerrar a conversa ou mudar de assunto. Não estou fazendo isso para desrespeitá-la, mas para me respeitar".

Ação

Chloe mudava de assunto ou encerrava as conversas com sua mãe.

MUDAR o próprio comportamento inicialmente foi difícil, pois Chloe sentiu muita culpa. Ela estava desafiando as próprias crenças sobre família, então lidava com o desconforto escrevendo em seu diário, fazendo terapia regularmente, conversando com pessoas que lhe davam apoio e usando afirmações que criou para reforçar suas novas crenças.

Afirmações assertivas

"Eu posso ter limites nos relacionamentos com a família".
"Estabelecer limites para os outros é uma maneira saudável de assegurar que minhas necessidades sejam atendidas".
"Expressar minhas expectativas é meu modo de praticar o autocuidado".
"Em relacionamentos saudáveis, as pessoas respeitarão meus desejos".
"O desconforto faz parte do processo".

Certos ultimatos são mais difíceis, como aqueles que o levam a terminar um relacionamento, ou a se desligar de alguém. No entanto, antes de partir para isso, considere o seguinte:

- Eu estabeleci quaisquer limites?
- Como a outra pessoa pode reagir aos meus limites?
- A outra pessoa está ciente de que tenho problemas com ela?
- Eu causei um dano irremediável?
- A outra pessoa está disposta a restaurar o relacionamento?
- Quais são os aspectos saudáveis do relacionamento?

DIZER PARA AS PESSOAS PARAREM

Em grande parte do livro *Ovos verde e presunto*, do Dr. Seuss, o amigo de Sam insiste que ele prove ovos verdes e presunto. De maneira indireta, Sam diz que não está interessado, "eu não gosto deles aqui e em lugar nenhum". Nesse livro de 62 páginas, Sam nunca diz, "pare de insistir nisso". Página após página, ele fica aborrecido com a ideia de comer algo que já afirmou claramente que não gosta. Quando li esse livro para minha filha de 3 anos, pensei imediatamente, "por que ele não acaba de vez com isso dizendo 'pare'?". Na página 56, Sam finalmente concorda em comer ovos verdes e presunto, e gosta dos sabores.

As pessoas esperam que você acabe cedendo. Elas continuam insistindo porque você não declarou explicitamente que não cederá. Dizer "pare" pode poupá-lo da necessidade de repelir constantemente as pessoas. Portanto, seja direto dizendo que não está interessado.

CANCELAMENTOS E MUROS

Apenas afirmar suas expectativas talvez não seja suficiente, especialmente para pessoas que habitualmente as violam. Limites saudáveis incluem afirmações e ações que promovam o que você quer em um relacionamento. Quando você estabelece um limite, é preciso reforçá-lo.

Cancelamentos

Quando decide terminar um relacionamento doentio, você cancela a outra pessoa. Em uma enquete que fiz nos Stories do Instagram, 78% dos participantes afirmaram não acreditar que pessoas com comportamentos nocivos mudem. Se alguém se recusa constantemente a respeitar seus limites, você pode optar por cancelar a pessoa. Você também pode ser cancelado por causa dos limites que impôs aos outros. Não importa quem tome a iniciativa de cancelar, os sentimentos a seguir podem aflorar:

Alívio: "Estou aliviado sem aquele estresse constante no relacionamento".

Arrependimento: "Eu sabia que não devia ter pedido para ela ____".

Culpa: "A culpa é só minha por isso ter acontecido".

Raiva: "Eu não acredito que ele reagiu desse jeito".

Tristeza: "Sinto falta de ____".

Embora incômodos, tais sentimentos são normais após um relacionamento acabar.

Cancelamentos ocorrem de duas maneiras:

1. Ao afirmar claramente o motivo de estar terminando o relacionamento com a outra pessoa.
2. Ao sumir e abandonar o relacionamento sem avisar. O término repentino de um relacionamento é uma ação intencional para cortar os laços *passivamente*.

Cancelamentos podem ser um meio de cuidar de si mesmo em um nível mais profundo, pois é doloroso e prejudicial continuar se relacionando com alguém que não está disposto a mudar.

Muros

Muros são limites rígidos com os quais você se protege mantendo as pessoas longe. Com os muros, as mesmas regras se aplicam a todas as pessoas, e essa inflexibilidade o mantém isolado de coisas e pessoas tanto danosas quanto positivas. Portanto, muros rígidos e indiscriminados são uma autoproteção nociva. Obviamente, é fundamental se proteger de situações abusivas ou perigosas, mas isso é diferente de construir muros, pois você coloca limites específicos para cada caso. Ao construir muros, todos ficam de fora, não só indivíduos abusivos.

Quando alguém viola seu limite, você pode:

- Reafirmar ou relembrar o limite.
- Diminuir suas interações com essa pessoa.
- Dar um ultimato.
- Aceitar e sair do relacionamento.

ACEITAR E DEIXAR PARA TRÁS

Caso tenha tentado estabelecer limites e seus pedidos foram constantemente violados, talvez seja hora de se desligar dessas pessoas. Obviamente, não é fácil terminar um relacionamento, então, instaure um plano saudável para se cuidar durante o processo. Terminar um relacionamento não significa que você não se importa mais com a outra pessoa. Isso indica amor-próprio, autocuidado, limites saudáveis, coragem e desejo de ficar bem.

Terminar um relacionamento é um processo penoso e você pode sentir depressão, raiva, confusão e desejo de negociar. Sua maior meta é aceitar plenamente o fato de que não conseguiu mudar os outros, embora tenha tentado fazer a sua parte para restaurar o relacionamento.

Quando um relacionamento termina, é normal:

- Sofrer com a perda (chorar, ter raiva, ficar triste).
- Praticar a autocompaixão (não foi culpa sua).
- Partir para um autocuidado extremo (várias vezes por dia).
- Fazer uma lista afirmando quem você é (sou uma pessoa amável etc.).
- Processar o que aprendeu sobre si mesmo em resultado do relacionamento tóxico.
- Determinar como você gostaria de se posicionar em seus relacionamentos atuais e futuros.
- Perdoar-se pelas coisas que você permitiu no relacionamento.
- Perdoar-se por não ter saído antes do relacionamento.

A verdade é que as pessoas podem não gostar dos limites que você impôs e partir para a retaliação:

- Desligando-se de você.
- Punindo-o com silêncio.
- Manipulando-o para tentar que você desista do seu limite.
- Sendo malévolas.

Se você foi alvo dessas atitudes anteriores, saiba que o dano não foi causado pelo seu limite. O relacionamento já era

Estabelecer limites não prejudica um relacionamento saudável.

nocivo, e seu limite trouxe à tona os problemas que precisavam ser abordados. Estabelecer limites não prejudica um relacionamento saudável.

Eu sei que é assustador pensar que expor um limite pode dar fim a um relacionamento. Mas, ao invés de focar no pior cenário possível, foque na possibilidade de que a outra pessoa passe a respeitar o seu pedido – mesmo que ela tenha sido difícil no passado.

DEIXE O LIMITE COMPREENSÍVEL DESDE A PRIMEIRA VEZ

Se estabelecer limites é algo novo para você, fazer isso corretamente na primeira vez o deixará mais confiante. Atenha-se ao roteiro para ser claro e ir direto ao ponto. Isso resolverá muitos problemas ligados às reações das pessoas.

Pode ser útil dizer que você está estabelecendo um limite para preservar o relacionamento, o que é saudável para vocês dois. Limites não são nossos inimigos.

Inicialmente, Chloe vacilava com os limites que impusera a seu irmão. Ela os afrouxava por se sentir culpada ou para não prejudicar o relacionamento com seus três sobrinhos.

Quando não nos atemos aos limites que colocamos para os outros, eles também irão ignorá-los. Chloe tentava se manter coerente com os seus, mas deu um ultimato que descumpriu. Ela só esperava que o irmão entendesse sua posição de uma vez por todas, mas Ray sabia que não sofreria consequências por violar os limites da irmã.

A única coisa que resolveria seus problemas com ele seria consistência. Se honrasse seus limites, Chloe extinguiria os problemas de seu relacionamento com Ray. Ela identificou os seguintes limites que manteria com ele:

Limite

Evitar conversas desgastantes emocionalmente.

Ações concretas

1. Ignorar telefonemas quando o momento não for propício para conversar.

Defina Limites e Encontre a Paz

2. Limitar a conversa a cinco ou dez minutos.
3. Falar mais sobre si mesma.
4. Não oferecer soluções; apenas escutar.

Limite

Parar de emprestar dinheiro a Ray várias vezes por ano.

Ações concretas

1. Quando Ray falar sobre finanças, não oferecer ajuda sem ser solicitada.
2. Dar uma sugestão útil, mas sem se comprometer pessoalmente.
3. Dizer não e, se Ray tentar evocar a culpa, apontar isso: "Você quer que eu me sinta mal por ter um limite".
4. Faça um plano financeiro pessoal, de modo que não sobre dinheiro para emprestar a Ray.

Não basta estabelecer o limite; programe ações realistas que o impeçam de fraquejar. Ater-se aos seus limites implica criar novos hábitos.

Em *Atomic Habits*, James Clear fala sobre a importância de fazer pequenas mudanças para obter resultados significativos: "Todas as coisas grandes advêm de inícios modestos. A semente de todo hábito é uma decisão ínfima. Mas à medida que a decisão é mantida, um hábito germina e se fortalece. As raízes se firmam e os ramos crescem. A tarefa de romper com um hábito nocivo é como arrancar um carvalho sólido que está dentro de nós. E a tarefa de adquirir um hábito salutar é como cultivar uma flor delicada um dia após o outro".

Então, comece modestamente. Talvez você não esteja preparado para dizer não toda vez que alguém lhe pedir para fazer algo indesejado. Talvez você possa combinar consigo mesmo de dizer não metade das vezes ou só àquilo que mais o incomoda. As pessoas podem não reconhecer sua firmeza e não respeitar seus limites da noite para o dia. Mas com o passar do tempo, afirmar suas expectativas se tornará mais fácil e as pessoas perceberão isso.

Ademais, ao invés de se referir a si mesmo como alguém incapaz de estabelecer limites, comece a se autorreferir como uma "pessoa afeita aos limites" – mesmo que, em princípio, você não acredite nisso. *Você é quem você diz ser*. Afirmar-se como alguém que você deseja ser preservará a determinação de fazer mudanças para impor seus limites consistentemente.

FAÇA SEU LIMITE SER OUVIDO

Para as pessoas que fingem não ter escutado, pratique dizer algo como:

"Você entendeu bem o que lhe pedi?"
"Você pode repetir o que eu disse com suas próprias palavras?"
"Só para ter certeza de que tudo ficou claro, eu gostaria de ouvir você confirmar o que eu disse".

Pais e professores praticam isso o tempo todo perguntando "o que foi que eu disse?". Insistir nesse tipo de pergunta é importante para saber se você foi ouvido e impede que as pessoas digam que não ouviram ou não entenderam os limites fixados.

QUANDO OS LIMITES SÃO CONFLITANTES

Sasha e Toni namoravam há dois anos quando começaram a ter discussões acaloradas sobre questões relacionadas às suas famílias estendidas. Toni achava a mãe de Sasha rude e dominadora e, após muitas brigas pelo poder, jurou manter distância dela.

Sasha era muito ligada à família e queria que Toni tivesse uma relação estreita com ela. Embora admitisse que, às vezes, sua mãe era dominadora, ela a aceitava como era e não achava que seu comportamento precisasse ser corrigido.

Às vezes, o que você quer e o que a outra pessoa quer são coisas totalmente opostas. Por exemplo, Sasha queria que Toni tivesse uma relação estreita com sua mãe, mas Toni queria distância da mãe de Sasha. Em casos como esse, pergunte a si mesmo:

Há alguma maneira de achar um meio-termo para os limites de cada um?
Os limites individuais impactam negativamente o relacionamento? Em caso afirmativo, como?
Você está estabelecendo um limite em retaliação a alguém que lhe impôs um limite?
O que você está disposto a fazer para assegurar que suas necessidades sejam atendidas?

Para Sasha, ter um relacionamento sério implicava aceitar que seu parceiro seria cordial, porém, distante de sua mãe. Para Toni, isso significava limitar ao máximo o tempo que passaria com a mãe de Sasha e, ao mesmo tempo, se defender. No entanto, no decorrer do tempo esse acordo não funcionou para Sasha e o casal resolveu se separar.

Em relacionamentos românticos, seu companheiro ou companheira nem sempre concorda com seu modo de lidar com a família. Quando os limites de duas pessoas entram em choque, é fundamental que ambas se comuniquem claramente e determinem até que ponto cada uma pode ceder. Idealmente, ambas as partes cederão um pouco, ao invés de uma ceder completamente. Talvez Toni pudesse ter tido um relacionamento melhor com a mãe de Sasha, comunicando diretamente suas expectativas, e/ou Sasha pudesse ter concordado em conversar com sua mãe e pedir que ela mudasse seu comportamento.

Às vezes, concessões não funcionam, e ambas as partes precisam concordar em manter limites separados e aceitar a visão da outra sobre a questão.

Neste capítulo, identificamos limites indistintos e problemas que surgem quando não somos claros em relação às nossas expectativas.

Ultimatos são considerados negativos em um relacionamento, mas eu descrevi algumas maneiras de usá-los para autodefesa. Ademais, limites não são muros. Um muro exclui as pessoas, ao passo que limites mostram às pessoas como devem se conduzir com você. Se você não conseguir estabelecer um limite corretamente na primeira vez, tente novamente de outras maneiras.

Exercício

Pegue seu caderno ou uma folha de papel para fazer o exercício a seguir.

- Trace duas linhas verticais para fazer três colunas.
- Na coluna 1, anote um limite que gostaria de impor. Você pode citar um limite do exercício anterior.
- Na coluna 2, anote duas ações que o ajudarão a impor e manter seu limite.
- Na coluna 3, anote uma consequência que você pode impor se seu limite for desrespeitado.
- Use esse plano de ação como um guia mental para expor e manter seus limites.

8

TRAUMA E LIMITES
Liberte-se do seu passado adotando limites saudáveis.

Amber tinha apenas 1 mês quando foi morar com sua avó paterna. Ninguém a queria, então ela aprendeu a viver sem precisar das pessoas. Aos 10 anos, ela já havia morado com seu pai, com a avó e com a tia paterna – três casas que estabeleciam regras diferentes.

Então, quando tinha 10 anos, sua mãe reapareceu. Amber foi morar com ela e ficou por lá até os 17 anos.

Foi um inferno. A mãe de Amber tinha muitos namorados que não valiam nada. Além disso, como atrasava o pagamento das contas, as duas às vezes tinham de passar um tempo na casa de algum dos namorados. Dos 10 aos 12 anos, Amber foi molestada pelo namorado alcoólatra da sua mãe. Quando tinha 15 anos, Amber tentou proteger a mãe e acabou tendo uma briga violenta com outro namorado dela.

Aos 17 anos, Amber foi morar sozinha. Como não queria ser um fardo para ninguém, resolveu se cuidar sozinha e nunca pedir nada a ninguém. Aliás, não esperava mesmo que alguém fizesse qualquer coisa por ela.

Aos 32 anos, Amber havia conseguido ser totalmente independente e bem-sucedida. Ela fez mestrado em administração de empresas e adorava sua carreira, principalmente porque era muito bem remunerada.

Mas, apesar do êxito em sua carreira, Amber não tinha uma vida amorosa. Sempre que namorava, os rapazes questionavam como se encaixariam em sua vida tão ocupada. Naturalmente, ela queria companhia, mas deixava claro que não "precisava" de ninguém e mantinha distância. Nunca apresentou os rapazes para sua família nem se interessava em conhecer as famílias deles. Ela não entendia por que as pessoas eram tão "pegajosas", querendo conversar diariamente e passar bastante tempo com ela. Abruptamente, ela se desligava das pessoas antes que os relacionamentos ficassem sérios.

Há três anos, ela parou de namorar, pois achava ser "o tipo de pessoa que precisa ficar sozinha". Ela criou seu isolamento mantendo distância, terminando repentinamente os relacionamentos e se fechando para a possibilidade de se relacionar.

Amber só falava com os pais esporadicamente. Geralmente, ela falava com o pai apenas em feriados e aniversários. A mãe se casou com um homem menos abominável do que de costume e queria ficar próxima da filha. Então, telefonava com frequência e marcava encontros com Amber.

Embora amasse a mãe, Amber não confiava nela. Afinal de contas, a mãe esteve ausente na maior parte de sua infância e ela não conseguia fingir que havia superado tudo o que passou.

Amber também aprendeu a ser como um camaleão para se adaptar a qualquer ambiente. No trabalho, ela era uma líder e atuava bem coletivamente. Ela sabia que, para manter o êxito em sua carreira, tinha que fingir ser amistosa e ter tudo sob controle.

Porém, após 32 anos "mantendo tudo sob controle", Amber começou a ter uma crise emocional. Ela chorava no trabalho por coisas que nunca a haviam incomodado. Muitas vezes, se irritava durante conversas com sua mãe. Geralmente, ela conseguia manter uma expressão facial feliz, mas ultimamente ficava absorta em pensamentos sobre sua infância.

Após a morte de seu pai, Amber me procurou. Ela não sabia por que estava tão revoltada com a morte dele, já que não eram muito próximos. Aparentemente, seu trauma de infância estava aflorando de uma vez só. Ela começou a pensar sobre o sumiço da mãe, o abuso que sofreu e o fato de ter morado alternadamente com vários membros da família sem nunca se sentir em casa em nenhum lugar.

LIMITES E TRAUMA

Um trauma de infância impacta o desenvolvimento, assim como a capacidade de impor e manter limites. Traumas na infância incluem abuso sexual, físico e emocional ou negligência. Vamos examinar cada área:

O estudo Experiências Adversas na Infância (EAI) criou um questionário para mensurar o impacto de traumas de infância relativos a abuso, negligência e disfunções na família. O EAI abarca as seguintes áreas:

- Abuso: físico, sexual ou emocional.
- Negligência: física ou emocional.
- Disfunções na família: doença mental, pai ou mãe encarcerado, abuso de substâncias psicoativas, violência contra a mãe, divórcio e mudanças frequentes de domicílio.

Pessoas com pontuações altas no EAI, ou seja, entre 4 e 10, são mais propensas a ter problemas de saúde e de relacionamento e perturbações mentais, como ansiedade e depressão.

A pontuação de Amber no questionário EAI foi 8. Aparentemente, ela estava bem, mas na verdade era triste e solitária. Ela não tinha nenhum relacionamento saudável e seu pai morrera recentemente. Ela só sabia que queria "se sentir melhor", ao invés de ficar imersa em lembranças do passado e furiosa com a morte de seu pai.

Quando mencionei limites, Amber não tinha ideia do que isso tinha a ver com os problemas em sua vida. Eu a ajudei a ver a ligação entre seu estado emocional atual e seus traumas de infância. Lentamente, ela começou a perceber como havia criado limites rígidos para manter as pessoas longe.

Amber temia conexões emocionais. Ela achava uma fraqueza ficar triste e embaraçada e não queria que os outros percebessem esses sentimentos. Até quando seu pai morreu, ela dizia estar bem para quem perguntasse. Mas ela não estava nada bem e sofria em silêncio. E, em resultado de sufocar suas emoções, todos os seus sentimentos estavam aflorando de uma vez só.

Amber resistiu durante muitos meses à terapia, pois odiava a ideia de precisar disso para se sentir melhor. Ela fazia uma sessão e cancelava a seguinte. Certo dia, comentei que talvez ela *não precisasse* de terapia e só precisasse se sentir melhor, mas que a terapia era um passo importante nesse sentido.

Segundo Claudia Black, renomada autora especializada em sistemas familiares e vícios, palestrante e treinadora, três tipos de violações comuns de limites causam traumas profundos. A seguir estão alguns exemplos de cada tipo.

Violações físicas

- Contatos corporais inadequados.
- Negar afeto.
- Não ensinar as crianças a cuidar do próprio corpo.
- Não dar privacidade.
- Não dar roupas apropriadas.
- Bater, empurrar, beliscar, dar cotoveladas.
- Ler diários ou vasculhar os pertences.

Violações sexuais

- Piadas ou insinuações de teor sexual.
- Exposição a materiais adultos como revistas ou vídeos de teor sexual.
- Rebaixar alguém em virtude do gênero (masculino/ feminino) ou orientação sexual.
- Não receber as informações adequadas sobre seu desenvolvimento corporal.
- Ser forçado ou coagido a atos sexuais.
- Qualquer tipo de abuso sexual.
- Ignorar o pedido de alguém para não ser envolvido em atos sexuais.
- Não respeitar o desejo de alguém de usar preservativos ou outros contraceptivos.

Violações emocionais

- Ter seus sentimentos minimizados.
- Ser constantemente tratado aos gritos.
- Ser instruído sobre como você deve se sentir e pensar.
- Ser instruído de que seus sentimentos não são válidos.
- Não ser ensinado a se cuidar.
- Ter de mediar os conflitos entre seus pais.
- Não poder ter expectativas adequadas.
- *Gaslighting* (levar a culpa por algo que você não fez).
- Ser dissuadido de ter uma opinião.
- Ser ridicularizado.
- Ouvir diretamente que "seus sentimentos não importam" ou que "você não é importante o suficiente".

Problemas comuns de adultos que sofreram abuso ou negligência

- Querer ajudar todo mundo, mesmo sem ter os meios para isso.
- Trabalhar ininterruptamente (equiparar rotina frenética com sucesso).
- Emprestar dinheiro a pessoas que nunca devolvem.
- Partilhamento excessivo com a esperança de receber amor.
- Ser incapaz de regular as emoções.
- Querer agradar a todos.
- Temer conflitos.
- Ter baixa autoestima.
- Continuar em relacionamentos enredados.
- Ser incapaz de tomar decisões sem a opinião alheia.

ABUSOS NA VIDA ADULTA

Obviamente, adultos também podem sofrer abusos. Em relacionamentos adultos, muitas vezes, há violações constantes de limites em forma de violência doméstica, abuso verbal, abuso emocional ou negligência emocional.

Como traumas impactam os apegos

As violações de limites em razão de traumas, seja na infância ou na vida adulta, afetam a capacidade de criar apegos saudáveis. Há dois estilos nocivos de apego que afetam os limites nos relacionamentos:

Apego ansioso:

- Busca constantemente validação.
- Apresenta comportamento autossabotador.
- Ameaça constantemente sair do relacionamento.
- Questiona frequentemente o quanto a outra pessoa está empenhada no relacionamento.
- Briga frequentemente por questões triviais.
- Questiona persistentemente as ações e intenções do outro, pois as considera uma ameaça.
- Tem um medo paralisante de que o relacionamento terminará.
- Deseja estar perto, mas repele as pessoas.
- Demonstra comportamentos carentes e para chamar a atenção.
- Sente desconforto quando está sozinho.

Apego esquivo:

- Procura constantemente razões que confirmem que o relacionamento não está dando certo.
- Foca exageradamente os aspectos negativos do relacionamento.
- Fica consumido por pensamentos para sair do relacionamento.
- Tem dificuldade para se abrir.
- Preocupa-se constantemente com a perda de autonomia.
- Acha que "ninguém é bom o suficiente".
- Sente frequentemente que ter contato constante é "pegajoso demais".

Um estilo nocivo de apego geralmente envolve limites rígidos. Por outro lado, pessoas com apegos ansiosos tendem a ter limites porosos. O apego seguro se caracteriza por limites saudáveis.

Apego seguro:

- Consegue ficar longe do parceiro ou parceira tranquilamente.
- Controla as emoções durante controvérsias.
- Tem um senso saudável do *self*.
- Fica à vontade para falar sobre sentimentos.
- Não reage exageradamente quando os outros expressam sentimentos.

Amber era esquiva nos relacionamentos. Embora quisesse se relacionar, também queria manter a autonomia, pois não gostava da ideia de depender da outra pessoa. Em razão da negligência emocional na infância, uma pessoa pode criar aversão à dependência, que se caracteriza das seguintes formas:

Aversão à dependência:

- Não gosta de se mostrar vulnerável para os outros.
- Rejeita a ideia de pedir ajuda.
- Prefere fazer as coisas por conta própria.
- Incomoda-se por se apegar aos outros.
- Mantém distância emocional de propósito.
- Sente solidão.
- Incapaz de identificar e admitir sentimentos.

A aversão à dependência pode ser uma forma de autoproteção de alguém com apego esquivo. Embora haja o desejo de se relacionar, envolver-se genuinamente com outra pessoa parece perigoso. Portanto, essas pessoas adotam limites rígidos como manter as pessoas afastadas ou "sempre" dizer não, a fim de se sentir seguras.

VERGONHA E CULPA APÓS O TRAUMA

Reconhecer nossa história de vida pode ser difícil, mas é muito pior passar a vida fugindo dela. Aceitar nossas vulnerabilidades é arriscado, mas é muito mais perigoso desistir do amor, do pertencimento e da alegria – as experiências que nos deixam mais vulneráveis. Apenas quando temos coragem suficiente para explorar a escuridão é que descobrimos o poder infinito da nossa luz.

— Brené Brown

Vulnerabilidade é a capacidade de mostrar para os outros quem somos. Nós ficamos mais à vontade para ser vulneráveis quando não tememos as consequências. Ser vulnerável permite que sejamos sinceros e abertos em relação às experiências que nos moldaram. Temer a vulnerabilidade é temer julgamentos.

Crescer em uma família disfuncional nos causa vergonha que, por sua vez, leva à baixa autoestima e ao desejo de agradar a todos. Para pessoas que sofreram algum trauma, a parte mais difícil de conviver com isso é a sensação de vulnerabilidade ao contar a história para outras pessoas.

Se nos mostrarmos vulneráveis, nós tememos que as pessoas:

- Nos desprezem.
- Nos magoem novamente.
- Minimizem nosso trauma.
- Achem que somos fracos.
- Nos julguem.

Quando tememos a vulnerabilidade, impomos muitos limites rígidos com a intenção de continuar seguros.

COMO O SIGILO IMPACTA A CAPACIDADE DE COMUNICAR LIMITES

Quando seus limites são violados, você pode ficar inseguro sobre quais limites são adequados e temer que eles não sejam respeitados.

Algumas famílias ensinam as crianças a manter sigilo, com recomendações como "o que acontece nesta casa fica só entre nós". Se decidir falar sobre seu trauma, você pode achar que está sendo desleal com sua família. Em alguns casos, se essa regra for infringida, a consequência é um rompimento nas relações familiares.

Quando há violência doméstica em um relacionamento, relatar isso a amigos ou parentes pode parecer uma deslealdade com seu companheiro ou companheira. Mesmo estando ciente de que o comportamento da pessoa é inadequado, talvez você ainda não esteja preparado para abandoná-la. E, caso relate os abusos, os outros podem pressioná-lo a tomar uma atitude.

Ensinar às crianças a guardarem segredos prejudica seu crescimento e desenvolvimento. O ponto principal é que crianças e adultos deveriam se sentir seguros para falar sobre o que acontece em suas casas.

Como traumas impactam a capacidade de impor limites

#1

Sempre que você tenta se posicionar no relacionamento, seu companheiro ou companheira diz que seu argumento é ofensivo ou "imbecil". Durante controvérsias, você é insultado e menosprezado.

Resultado

Você para de se posicionar com essa pessoa e os outros porque quer evitar conflitos.

#2

Na infância, quando você tentava contar alguma coisa, sua mãe o ignorava ou mandava calar a boca. Até quando você precisava de apoio, como para problemas com as outras crianças na sua escola, sua mãe não tomava atitude.

Resultado

Você passou a acreditar que sua voz não importa. Portanto, você não se abre com ninguém.

#3

Você foi agredida sexualmente na faculdade. O abusador disse, "ninguém vai acreditar no que você disser porque você estava embriagada".

Resultado

Você nunca mais bebeu e também não namora mais porque não confia em si mesma nem nos outros.

Autocuidado

Se sofreu os efeitos da codependência, abuso sexual, físico ou verbal e negligência emocional ou física, você pode ter dificuldades para se cuidar.

O autocuidado se afigura assim:

- Ter expectativas viáveis em relação a cuidar e estar presente para os outros.
- Manter sua saúde mental.
- Manter-se no papel de filho, ao invés de cuidar de seus pais.
- Manter-se no papel de irmão, ao invés de cuidar de seus irmãos.
- Pedir o que você precisa.
- Passar os feriados fazendo coisas agradáveis.
- Dar espaço para que as pessoas se cuidem.
- Ter menos contato com pessoas que sugam sua energia.
- Descobrir quem você é deixando de lado o que os outros lhe inculcaram a seu respeito.
- Não usar seu passado como justificativa para deixar de seguir em frente.
- Falar sobre seus sentimentos.
- Permitir-se sentir prazer.
- Contar a verdade sobre seu passado sem romantizar o que aconteceu.
- Ser gentil consigo mesmo.
- Aprender coisas que não lhe ensinaram na infância.
- Aprender a gostar do seu corpo.

COMO SUPERAR ESSES PROBLEMAS E ENTENDÊ-LOS NOS OUTROS

É possível mudar em qualquer momento, independentemente do que você passou em sua vida. Se perceber que seus limites são rígidos, descubra maneiras para criar outros mais saudáveis.

Por exemplo, é possível mudar um estilo de apego quando você fica ciente e preparado para transformar partes do seu *eu*. Caso evite se comprometer muito nos relacionamentos, pense nos benefícios de um relacionamento sólido. Ao invés de continuar de uma maneira que era confortável no passado em virtude do seu trauma, decida fazer algo diferente. Comece compartilhando mais informações. Peça ajuda aos outros para coisas que sempre fez sozinho. Confie na reciprocidade dos relacionamentos saudáveis e se abra com a outra pessoa para fortalecer a conexão.

Se você estiver com alguém que tem problemas de apego, desafie a pessoa, ao invés de aceitar isso. Aponte o que está observando e conte sua hipótese sobre o comportamento da outra pessoa. O relacionamento continuará nocivo, a menos que você se pronuncie e os pontos subjacentes sejam abordados.

Se você estiver com alguém que sofreu um trauma, não tente curar essas feridas profundas. Diga à pessoa o que você vê e aconselhe-a a buscar a ajuda de um profissional de saúde mental.

Exercício

Pegue seu caderno ou uma folha de papel para fazer o exercício a seguir.

- De que maneira seu trauma afetou sua capacidade de estabelecer limites?
- Que palavras podem ser usadas para se reassegurar de que é correto impor os limites e expectativas necessários, a fim de se sentir seguro?

9

O QUE VOCÊ ESTÁ FAZENDO PARA RESPEITAR SEUS LIMITES?

Antes de ensinar aos outros a respeitarem nossos limites, nós devemos aprender a honrá-los.

Kyle recebeu um aumento e, assim que o dinheiro foi depositado em sua conta bancária, resolveu comprar um carro novo. Afinal, ele merecia esse carro após trabalhar tanto o ano todo. Ele sempre dava o máximo no trabalho e se presenteava regiamente. Na realidade, toda vez que ganhava um bônus ou um aumento, ele se regalava com um presente caro – relógios, roupas de grife e, às vezes, férias luxuosas.

Apesar das aparências, Kyle vivia à base de cada contracheque e tinha uma dívida de 25 mil dólares no cartão de crédito. Ele não tinha poupança e regularmente emprestava dinheiro do seu pai para manter seu padrão de vida. E odiava a ideia de não poder se regalar com tudo que queria, mas sofria as consequências dessa irresponsabilidade.

Kyle me procurou por insistência do seu pai, logo após os dois brigarem por causa das prestações atrasadas do carro e ele ter concordado em controlar melhor suas finanças. Eu o achei bem vestido e inteligente, porém derrotado.

Inicialmente, ele hesitou em se abrir comigo, pois acreditava que seria inútil e que se conseguisse se controlar nos próximos meses, tudo entraria nos eixos. "Com que frequência você diz isso para si mesmo?", perguntei.

Ele ficou chocado. Embora soubesse que gastava mais do que podia, teve de admitir que, toda vez que sua situação financeira piorava, repetia a mesma ladainha, "só preciso me controlar nos próximos meses". Infelizmente, esses meses se transformaram em anos de desperdício de dinheiro e na necessidade de ser socorrido pelo pai. Mesmo quando ganhava mais dinheiro, ele gastava com alguma coisa maior e melhor do que já tinha.

Kyle era incapaz de ter autocontrole e sofria ao pensar em abrir mão dos seus desejos. Em nossa segunda sessão, pedi que ele fizesse uma lista de suas metas financeiras em longo prazo. Ele incluiu uma poupança para a aposentadoria, comprar uma casa, quitar o carro e se aposentar cedo. Após ele terminar a lista, eu perguntei, "e como você pretende atingir essas metas?".

Kyle disse que essas metas eram de longo prazo, não algo que ele pudesse atingir em um ou dois anos. Após mais conversas, eu descobri que ele já tinha essas metas há cinco anos, mas nunca havia feito qualquer progresso para atingi-las.

Suas metas eram inatingíveis porque ele tinha limites doentios com suas finanças. Enquanto gastasse o dinheiro assim que o recebia, ele continuaria dependendo de cada contracheque para se manter. Como ele pretendia gastar seu dinheiro com mais sensatez, nós começamos a falar sobre limites úteis para atingir suas metas, como poupar, gastar menos e adiar a gratificação.

A IMPORTÂNCIA DE IMPOR LIMITES A SI MESMO

É DIFÍCIL MUDAR SEUS HÁBITOS SEM MUDAR AS CRENÇAS SUBJACENTES QUE ATÉ ENTÃO MOLDARAM SEU COMPORTAMENTO. VOCÊ TEM UMA NOVA META E UM NOVO PLANO, MAS NÃO MUDOU QUEM VOCÊ É.
— JAMES CLEAR

Quando pensamos sobre limites, a tendência é cogitar sobre o que os outros precisam fazer para melhorar as coisas para nós. Embora outras pessoas tenham impacto sobre nossas vidas, diariamente fazemos escolhas que afetam nossa qualidade de vida e quem somos. Tendo autolimites, consideramos como impactamos a nós mesmos.

Kyle optara por ser esbanjador e era o único responsável por isso. Era ele que resolvia comprar coisas que não podia bancar, então, precisava impor limites para si mesmo e seus gastos para ser mais saudável e atingir suas metas financeiras.

Os problemas financeiros de Kyle são muito comuns. Segundo a Debt.org, o cidadão estadunidense comum tem pelo menos quatro cartões de crédito e uma dívida de US$ 8.398 com eles. A dívida total dos consumidores norte-americanos é de US$ 13,86 trilhões, o que inclui hipotecas, empréstimos pessoais, cartões de crédito e empréstimos estudantis. Um estudo recente da corporação multinacional de serviços financeiros Charles Schwab mostrou que 59% dos estadunidenses vivem à base de cada contracheque.

Um número imenso de norte-americanos não tem poupança, reservas para emergências ou fundos de aposentadoria. Quando surge um pequeno contratempo financeiro, tudo pode desmoronar.

Isso é um problema de limite porque falta disposição para renunciar a tudo que queremos, mas é muito perigoso dar vazão a todas as pulsões irracionais. E isso só acontece em razão da falta de autolimites saudáveis.

A capacidade de dizer não a si mesmo é uma dádiva. Se conseguir resistir às suas pulsões, mudar seus hábitos e se ater apenas ao que é realmente importante, você estará praticando autolimites saudáveis. É sua responsabilidade se cuidar sem ter recaídas.

Aqui está uma lista de áreas que requerem autolimites:

- Suas finanças.
- Sua gestão do tempo.
- Seu autocuidado.
- Como você permite que os outros o tratem.
- Seus pensamentos (sim, pare de falar consigo mesmo de uma maneira depreciativa, da mesma forma que pode impedir que outra pessoa continue sendo maldosa com você).
- Suas reações.
- As pessoas que você acolhe em sua vida.

FINANÇAS

Cabe exclusivamente a Kyle mudar sua maneira de gerir as finanças e gastar seu dinheiro. Em nossas sessões, falamos sobre a diferença entre crenças úteis e crenças prejudiciais. Ele admitiu que suas crenças relacionadas a dinheiro eram destrutivas, pois tinha de pedir empréstimos e estava endividado e encrencado financeiramente, apesar de ter uma renda decente. Durante a terapia, ele começou a adotar crenças mais úteis em relação a dinheiro, como "eu não tenho de gastar cada centavo que ganho".

Kyle também começou a criar autolimites, como esses:

"Vou poupar 10% antes de comprar alguma coisa nova".
"Vou criar um orçamento para minhas despesas e usá-lo como guia para frear as compras por impulso".
"Não vou mais gastar sem guardar parte do dinheiro, mesmo que eu ganhe mais".

Os novos limites de Kyle lhe deram uma estrutura para gerir seu dinheiro. Antes de estabelecer esses limites, ele agia por impulso e então sofria as consequências. Embora controlar suas finanças gerasse limitações, isso também trouxe alívio e ajudou Kyle a agilizar ações visando suas metas financeiras.

Outro limite crucial relativo às finanças é aprender a dizer sim ou não quando os outros que lhe pedem empréstimos ou usam você como recurso financeiro.

Limites recomendáveis

- Não vou emprestar dinheiro, a menos que possa oferecê-lo como presente.
- Não serei fiador de empréstimos, a menos que a pessoa concorde com as seguintes condições: ____.
- Não vou ser fiador de ninguém.
- Vou poupar dinheiro para emergências.

Lembre-se de que as pessoas podem lhe pedir qualquer coisa, mas cabe a você manter seus limites dizendo não ou esclarecendo até que ponto e como pode ajudá-las.

Administrar o tempo

A falta de autodisciplina é sinônimo da falta de autolimites.

Atualmente, o protetor de tela no meu celular tem a inscrição "não tenho tempo a perder". Coloquei esse lembrete para evitar perder um tempo valioso checando as redes sociais no celular, fazendo compras on-line e navegando na internet. Não é errado fazer essas coisas, mas acho fundamental usar meu celular intencionalmente. Eu arranjo tempo para usar as redes sociais, fazer compras on-line e navegar na internet quando isso faz sentido. Mas tento evitar isso quando, por exemplo, deveria estar escrevendo um livro.

Adoro ler artigos e livros e ouvir *podcasts* sobre gestão do tempo. Mas, para falar a verdade, todos eles pregam a mesma coisa: administre suas distrações, planeje com mais sensatez e elimine coisas que são perda de tempo. Ou seja, ter limites para gerir seu tempo é a solução para seus problemas nesse sentido.

Limites recomendáveis

- Admito que não dou conta de tudo. Vou desistir de dar conta de tudo e só farei o possível, sem me sobrecarregar. Consultarei minha agenda antes de dizer sim a qualquer pedido.
- Planejo comparecer pontualmente fazendo tudo com mais antecedência.
- Delego tudo que for possível, especialmente as coisas que não preciso fazer pessoalmente.
- Elaboro e anoto um cronograma e sigo-o religiosamente.
- Planejo meu dia.
- Sigo planos realistas para evitar distrações.

Caso tenha dificuldades na gestão do seu tempo, pergunte a si mesmo, "o que estou fazendo atualmente é realmente o que eu gostaria de fazer?" Crie novos limites (hábitos e regras) e se empenhe para se tornar a pessoa que gostaria de ser.

Autocuidado

Autocuidado é como você cultiva e restaura sua mente, corpo e espírito. A palavra-chave aqui é *self*, então só cabe a você arranjar tempo para se cuidar.

No entanto, não confunda autocuidado com autoindulgência em forma de objetos ou tratamentos luxuosos. Talvez isso seja parte de sua rotina, mas o verdadeiro autocuidado tem pouco a ver com gastar dinheiro e muito mais com estabelecer limites para si mesmo.

Limites recomendáveis

- Eu digo não para coisas que não gosto.
- Eu digo não para coisas que não contribuem para o meu crescimento.
- Eu digo não para coisas que me roubam um tempo valioso.
- Eu passo tempo com pessoas saudáveis.
- Eu diminuo as interações com pessoas que sugam minha energia.
- Eu protejo minha energia de pessoas que ameaçam minha sanidade.
- Eu pratico o diálogo interno positivo.
- Eu me permito sentir e não julgar meus sentimentos.
- Eu me perdoo quando cometo um erro.
- Eu cultivo ativamente o que há de melhor em mim.
- Eu desligo meu celular quando é preciso.
- Eu durmo quando estou cansado.
- Eu me importo com minhas coisas.
- Eu tomo decisões difíceis porque elas são saudáveis para mim.

- Eu abro espaço para atividades que me dão alegria.
- Eu digo sim a atividades que me interessam, apesar da minha ansiedade para experimentá-las.
- Eu experimento coisas sozinha, ao invés de esperar a companhia das pessoas "certas".

Como permitimos que os outros nos tratam

"As pessoas estão sempre me explorando". Eu ouço isso frequentemente em meu consultório. Mas será que isso é verdade? A verdadeira questão é: de que maneira você está permitindo que as pessoas o explorem?

É sua responsabilidade manter o padrão de como os outros o tratam. Afinal de contas, as pessoas captam até que ponto você é tolerante no relacionamento. Diga a elas como quer ser tratado e dê o exemplo tratando-se bem.

De que maneira você está permitindo que as pessoas tirem vantagem de você?

Limites recomendáveis

- Quando as pessoas sobem o tom de voz comigo, eu digo que isso me incomoda.
- Eu resolvo os problemas assim que surgem, ao invés de protelar a solução.
- Quando um limite é violado, eu defino claramente as minhas expectativas em termos de comunicação no início e ao longo dos meus relacionamentos. Exemplo: "Eu prefiro que a gente converse sobre questões sérias pessoalmente, não por meio de mensagens de texto".
- Quando noto que alguém está tentando me manipular, a fim de me culpar ou testar meus limites, eu reconheço a tática e mantenho meus limites.
- Quando alguém diz algo errado sobre mim, corrijo imediatamente. Exemplo: A pessoa diz: "você está sempre atrasada". E você responde: "Hoje eu me atrasei, mas geralmente sou pontual". Não discuta; apenas afirme a verdade.

PENSAMENTOS

Assim como pode impedir que outra pessoa continue falando com você de certa maneira, você pode parar de falar consigo mesmo da maneira errada. Quais são seus padrões no diálogo interno, e como você fala sobre si mesmo com os outros?

Por mais maluquice que pareça, faz bem ter conversas estimulantes consigo mesmo.

Mantras para autocompaixão

"Tudo ficará bem".
"Fiz o melhor possível".
"Eles não me mereciam".

Internalize essa energia estabelecendo um limite para falar consigo mesmo de maneira gentil, bondosa e carinhosa.

Fazer afirmações autodepreciativas é outra grosseria consigo mesmo. Ao fazer comentários depreciativos ou piadas cruéis sobre si mesmo, os outros ficam à vontade para fazer isso com você. Portanto, seja cauteloso com o que diz sobre si mesmo diante de outras pessoas.

Limites recomendáveis

- Eu falo comigo mesmo com a mesma delicadeza com que falaria com uma criança pequena.
- Eu me instruo e me controlo em momentos incômodos.
- Eu me permito cometer erros sem me julgar asperamente.
- Eu não me insulto.
- Eu não faço comentários mentais maldosos sobre mim mesmo nem em voz alta diante de outras pessoas.

REAÇÕES

Prometa a si mesmo estabelecer limites para suas reações às situações. Eu sei que isso é difícil, pois há muitos imprevistos e as pessoas podem deixá-lo furioso. Mas ficar com raiva não lhe dá o direito de gritar.

Gritar mostra que você perdeu a cabeça. Mesmo assim, muitas pessoas com raiva optam por gritar, ofegar, se retirar ou telefonar para um amigo para digerir seus sentimentos. Você pode decidir lidar melhor com sentimentos e experiências incômodos.

Limites recomendáveis

- Eu não bato nas pessoas nem atiro objetos quando fico nervoso.
- Se tiver necessidade de chorar, eu não seguro o choro.
- Quando fico agitado, eu me afasto da situação e respiro profundamente até me acalmar.

PESSOAS QUE VOCÊ ACOLHE EM SUA VIDA

"Eu sempre namoro homens que traem", disse Nancy durante uma sessão de terapia. Ela ficava tentando botar mulherengos na linha, mas não percebia que ficar sempre com o mesmo tipo de homem resultava em uma dinâmica supostamente não desejada.

Segundo o The *Journal of Marriage and Family Studies* (Jornal Acadêmico):

- 57% dos homens em geral admitem ter sido infiéis em algum momento em suas vidas.
- 54% das mulheres em geral admitem ter sido infiéis em um ou mais relacionamentos.
- 22% dos homens casados admitem ter tido um caso pelo menos uma vez durante seus casamentos.
- 14% das mulheres casadas admitem ter tido um caso pelo menos uma vez durante seus casamentos.

Obviamente, nem todo mundo trai. Mas Nancy entrava repetidamente em relacionamentos nos quais era traída. Apesar de saber dos riscos de se envolver com alguém insincero, ela ignorava o bom-senso e só namorava homens que evidentemente iriam magoá-la.

E toda vez esperava em vão que a situação mudasse. Então, vivia se questionando, "por que todos os meus namorados me traem?".

A resposta é que seus limites eram porosos, então ela permitia que as pessoas fizessem coisas inaceitáveis e ficava com raiva e ressentida. Mas quando me procurou, finalmente estava preparada para começar um relacionamento saudável.

O ponto principal é que você não é obrigada a ter relacionamentos com tipos de pessoas que não aprova. Fazer isso é uma escolha. Pelo menos até certo ponto, você pode gerir e criar os tipos de relacionamentos desejados adotando limites que facilitarão sua vida. Se você notar que sempre atrai pessoas do mesmo tipo, pergunte a si mesmo:

O que há em mim que atrai ____ pessoas desse tipo?
O que essa pessoa está tentando me ensinar sobre mim mesma?
O que estou tentando conseguir nesse relacionamento?

Limites recomendáveis

- Eu tenho uma ideia firme dos tipos de pessoa que quero em minha vida.
- Quando noto problemas nos meus relacionamentos, eu me respeito tomando logo uma atitude.

MANTENDO OS LIMITES

> PARA QUE AS PESSOAS RESPEITEM NOSSOS LIMITES,
> TALVEZ SEJA NECESSÁRIO REPETI-LOS.

Conforme eu já disse, estabelecer um limite é apenas o primeiro passo para impô-lo. O outro passo, que frequentemente é mais difícil, é manter-se firme se alguém violar seu limite. Por exemplo, vamos supor que você disse à sua mãe para telefonar antes de visitá-la, mas ela continua aparecendo sem avisar. É importante manter seu limite anunciando uma consequência. Ao não honrar seu próprio limite ao permitir que sua mãe o viole, ela continuará sendo desrespeitosa deixando-o ressentido.

Sei que, provavelmente, você está pensando, "mas é minha mãe! Eu não posso impor uma consequência para ela". Sim, você pode. Você sempre tem opções com limites, mesmo que elas sejam incômodas. Se preferir não fingir que não está em casa, abra a porta e diga algo como "mãe, eu deixei claro que quero que você telefone antes de vir. Não estou preparado para receber visitas. Que tal combinarmos uma saída em outro dia mais conveniente para nós dois?".

Se você não mantiver seus limites, os outros tampouco o farão. Você não pode dizer a um amigo "por favor, beba no máximo três drinques hoje à noite" e continuar bebendo além da conta. Nesse caso, você não está dando o exemplo do que pediu. Mostre os limites que deseja ver no mundo.

Outra maneira de manter seus limites é dizer não com mais frequência. Reconheça que dizer não para os outros é dizer sim para si mesmo. Estabeleça um limite dizendo não quando não quer ou não pode atender a um pedido, ou isso tomará um tempo que poderia destinar a outras coisas.

Se você não mantiver seus limites, os outros tampouco o farão.

Caso diga não e as pessoas não o escutem, diga a elas que parem de pedir. É isso mesmo, diga para elas PARAREM. Lembre-se de que as pessoas continuam pedindo porque estão tentando fazer com que você ceda. Você também não deve enrolar as pessoas dizendo "talvez" ou "vamos ver", pois isso não significa uma recusa explícita. Para deixar claro que não quer fazer alguma coisa, diga "pare" quando uma pessoa continuar insistindo após você ter dito não.

Considere o seguinte:

Quando participa de atividades a contragosto, você está desperdiçando seu tempo.
Quando se ocupa com coisas das outras pessoas, você está desperdiçando seu tempo.
Quando despende tempo que não tem de sobra, você se desvia das suas metas.

Dizer sim para si mesmo se configura assim:

- Privar-se de passar mais uma hora vendo televisão, pois sabe que terá que acordar cedo.
- Manter-se hidratado.
- Dizer não a convites que não o interessam.
- Não estourar o orçamento mensal.
- Fazer pausas regulares e não se exaurir de tanto trabalhar.
- Tirar férias de acordo com o seu bolso.
- Ter sentimentos sem julgar se são bons ou maus.
- Colocar o aviso "não perturbe" no seu celular após as 20h.
- Cuidar de sua saúde física indo ao médico e tomando os medicamentos receitados nas horas certas.
- Cuidar de sua saúde mental fazendo terapia.
- Descansar quando seu corpo precisa.
- Ler por prazer, sem a intenção de aprender ou desenvolver uma nova habilidade.
- Achar maneiras saudáveis de administrar suas emoções.
- Manter bons hábitos financeiros, como pagar as contas pontualmente e não se endividar comprando coisas desnecessárias ou que podem ser adiadas até você poder bancá-las.

MANTENDO SUA PALAVRA CONSIGO MESMO

Estabelecer autolimites é uma atitude consciente que facilitará sua vida. Regras parecem restritivas, mas ao criá-las, nuances podem ser adicionadas. Portanto, ter autolimites não é uma restrição e só o ajuda a atingir sua meta, ter relacionamentos saudáveis e viver de acordo com seus valores. Quando não mantém sua palavra consigo mesmo, você está praticando autossabotagem, autotraição ou tentando agradar a todos.

Autossabotagem

- Procrastinar.
- Chegar perto de uma meta e desistir.

- Continuar em relacionamentos nocivos.
- Não cumprir sua palavra consigo mesmo.
- Estabelecer metas irrealistas.
- Nem sequer tentar.
- Ter uma narrativa negativa sobre si mesmo e suas capacidades.

A autossabotagem é uma maneira de desrespeitar os autolimites e envolve ter comportamentos nocivos que nos afastam daquilo que afirmamos querer. A autossabotagem começa pela maneira com que fala consigo mesmo.

Por exemplo, muitas vezes, desistimos de alguma coisa sem sequer tentar. Quando começamos a nos enxergar negativamente, tais pensamentos passam a ter o peso de uma verdade. Embora diga "eu não consigo", você é capaz de realizar mais do que imagina. A narrativa de "eu não consigo" leva à procrastinação, à falta de iniciativa, à desistência, ao estabelecimento de metas irrealistas e ao diálogo interno derrotista.

Então, incorpore a afirmação "eu consigo" em sua narrativa sobre si mesmo. Não desista antes de começar. Aqui estão alguns exemplos do que *não* dizer:

- "Vou *tentar* não beber por 30 dias".
- "Só quero ver por quanto tempo eu consigo tomar mais água".
- "Vou expor meu limite, mas tenho 100% de certeza de que eles não escutarão".

Em outras palavras, use uma linguagem direta e sem ambivalência sobre o que acontecerá. Aqui estão exemplos de afirmações de autolimites:

- "Eu vou parar de beber por 30 dias".
- "Eu consigo mudar meus hábitos".
- "A partir de hoje, vou tomar mais água".
- "Eu consigo manter o plano".
- "Por favor, respeite meus limites".

Confiar em seus limites é a cura para a autossabotagem.

Autotraição

- Mudar quem você é e o que pensa, a fim de continuar se relacionando com os outros.
- Fingir ser diferente do que realmente você é.
- Comparar-se com os amigos, familiares, desconhecidos na internet ou uma versão anterior de si mesmo.
- Falhar constantemente em manter seus valores.
- Autodepreciar-se para os outros ou em sua cabeça.

A autotraição é uma desonra, pois não vivemos de acordo com nossos valores e não somos autênticos. Então, vem a culpa, pois no fundo sabemos que estamos agindo com falsidade. Em relacionamentos saudáveis, é plenamente aceitável ser você mesmo.

Pulsão para agradar a todos

A pulsão para agradar a todos custa a nossa própria felicidade e revela que almejamos aceitação.

Quem tenta agradar a todos assume, como verdade, que não será querido ao defender o que acredita. Fingimos que está tudo bem para ser aceitos. Mas indivíduos saudáveis apreciam a sinceridade e não abandonam alguém que disser não.

Por exemplo, Charlotte me perguntou, "é correto eu pedir para as pessoas pararem de me perguntar quando vou me casar?" Sim! Sua vida não é um livro aberto. Ela não é obrigada a responder perguntas que a incomodem.

É correto criar limites sobre o que você partilha com os outros. Por exemplo, você não é obrigado a revelar os seguintes detalhes:

- Por que ainda não se casou.
- O *status* de seu relacionamento.
- Quando você terá um filho.
- Se já tem filhos, quando você pretende engravidar de novo.
- O que fará a seguir em sua vida.
- Como despende seu tempo.

- Quanto dinheiro você ganha.
- Como gasta seu dinheiro.
- Seu estilo de vida.
- Seu peso (perda ou ganho).
- Insira um exemplo aqui: _____.
- Insira outro aqui: _____.

Cabe a você decidir o que quer partilhar e com quem. No Instagram, é comum as pessoas me fazerem perguntas profundamente pessoais, mas tenho o direito de ignorá-las.

Se você não quiser responder a uma pergunta, considere essas sugestões a seguir:

- Responda fazendo outra pergunta: "Esse ponto é interessante; por que você quer saber isso?"
- Devolva a pergunta: "E você quer ter mais filhos?"
- Desvie da pergunta e comece outro assunto: "Dinheiro sempre é um assunto interessante. O que você está assistindo na Netflix?"
- Seja direto: "Eu não me sinto à vontade para responder a essa pergunta".
- Esclareça bem seus limites: "Eu não gosto quando as pessoas falam sobre meu peso".

Lembre-se de que você tem escolha em relação a conversas que está disposto a ter com os outros.

O PODER DE MUDAR E RELEMBRAR SEUS LIMITES

Relembrando

As pessoas mudam e seus limites também. É normal sua tolerância com certas coisas em seu relacionamento mudar. Então, quando tiver novas expectativas, você pode dizer, "____ não funciona mais para mim; eu gostaria ____".

Você também pode flexibilizar os limites que impôs anteriormente. Por exemplo, você decide que não ficará mais no trabalho após as 18h, mas, eventualmente, pode ultrapassar esse horário.

Considere isso:

- O que me levou a mudar meus limites?
- Essa mudança é temporária ou permanente?
- Como a mudança do meu limite impacta minhas metas?
- Mudar meu limite continuará sendo coerente com quem eu sou nos relacionamentos?

Reafirmando

No decorrer do tempo, as pessoas podem supor que seus limites expiraram. Volte a dizer a elas (e a si mesmo) quais são suas expectativas e por que quis expô-las. Saiba que as mudanças que você nota na outra pessoa são um resultado direto de seus limites no relacionamento.

Se, após algum tempo, você passar a renegar os limites que impôs, lembre-se como eles impactaram positivamente sua vida. Comprometa-se novamente com eles e continue respeitando-os.

As pessoas talvez não mudem, mas você pode mudar:

- Como lida com elas.
- O que aceita.
- Como reage a elas.
- Com que frequência interage com elas.
- Quanto espaço permite que elas ocupem.
- No que participa.
- O papel delas em sua vida.
- Com que pessoas tem contato.
- Quem permite que participe de sua vida.
- Sua perspectiva.

CONSISTÊNCIA É FUNDAMENTAL

Ocasionalmente, você pode desrespeitar seus limites. Mas quando notar sua recaída, recomponha-se. Eu sei que é mais fácil falar do que fazer, mas lembre-se de que você não tem obrigação de incorrer no erro. Assim que notar que está desrespeitando seus limites, comprometa-se novamente a cumprir sua palavra consigo mesmo.

Caso tenha se rotulado como uma pessoa que não persevera nas coisas, você *será* "uma pessoa sem perseverança". Então, elimine as conotações negativas da sua narrativa interna. Para isso, passe a dizer: "sou uma pessoa perseverante".

> *A FORMA MAIS REMATADA DE MOTIVAÇÃO INTRÍNSECA É QUANDO UM HÁBITO SE INCORPORA À SUA IDENTIDADE. UMA COISA É DIZER SOU O TIPO DE PESSOA QUE QUER ISSO, MAS É BEM DIFERENTE DIZER É ASSIM QUE EU SOU.*
> — JAMES CLEAR, HÁBITOS ATÔMICOS: UM MÉTODO FÁCIL E COMPROVADO DE CRIAR BONS HÁBITOS E SE LIVRAR DOS MAUS.

Exercício

Pegue seu caderno ou uma folha de papel para fazer o exercício a seguir.

- Que tipo de pessoa você almeja ser? Torne-se quem você quer ser e apresente sua nova versão para o resto do mundo.
- Faça uma lista de limites que você gostaria de seguir. Por exemplo, "economizar mais dinheiro". Ao lado de cada limite, anote um passo viável para mantê-lo. Exemplo: "Abrir uma conta de poupança e depositar cem reais mensalmente".

SEGUNDA PARTE

COMO IMPOR LIMITES

10

FAMÍLIA

Amor verdadeiro implica criar e manter limites saudáveis.

James estava cansado de intermediar as controvérsias entre sua mãe, Debra, e sua mulher, Tiffany. O que ele mais queria era que as duas se dessem bem. Tiffany estava sempre reclamando da mãe dele, e esta vivia se queixando que Tiffany a magoara. James tentava pôr panos quentes e ouvia as duas sem tomar partido.

Tiffany odiava o fato de James permitir que a mãe se intrometesse no casamento deles. Toda decisão que o casal tomava passava antes pelo crivo de Debra, que exercia grande influência sobre as opiniões do filho. Ele a adorava e a considerava perspicaz, bem-sucedida, confiável e uma grande conselheira. Por sua vez, Tiffany considerava Debra manipuladora, dominadora e passivo-agressiva. Tiffany sempre sonhara em ter uma sogra que fosse como uma segunda mãe. Mas desde o momento que conheceu Debra, após sete meses de namoro com James, a sogra deixou claro que era a mulher mais importante na vida do filho. James pediu ajuda à mãe para bancar o casamento e quitar a casa do casal, e recorria a seus conselhos para muitas decisões financeiras. Ao longo dos dois anos de namoro e cinco de casamento, Tiffany pediu a James para ficar mais independente de Debra, mas ele nunca tomou qualquer providência e a mãe sempre conseguia o que queria.

Tiffany começou a ficar ressentida com o marido por não se posicionar firmemente com a mãe, então se retraiu, deixou de ir a reuniões da família e ficava em seu quarto quando Debra aparecia.

Como o casal estava pensando em ter filhos, ela queria que o marido finalmente começasse a impor limites para sua mãe. Por fim, Tiffany e James decidiram recorrer à terapia para discutir o impacto de Debra sobre seu casamento.

As primeiras sessões foram intensas, pois Tiffany narrou seus problemas com Debra e James defendeu a honra da mãe. Na terceira sessão, eu fiz uma declaração: "É melhor focarmos apenas nas necessidades das duas pessoas presentes". Isso nos ajudou na maior parte do tempo, mas ocasionalmente Debra ainda surgia na conversa como uma terceira força, embora invisível. Quando isso acontecia, eu estimulava James e Tiffany a considerarem o impacto de uma pessoa que não estava conosco, mas estava sempre emocionalmente presente no casamento. Eles notaram que a maioria de suas controvérsias se devia a Debra, não a qualquer coisa que um deles estivesse fazendo diretamente ao outro.

Em nossas sessões, falávamos sobre a importância de manter a integridade do relacionamento evitando o partilhamento excessivo com os outros. O casal então passou a criar limites em relação aos assuntos que preferiam manter entre si, quando gostariam de partilhar certas informações e como falariam sobre seu casamento com outras pessoas.

Inicialmente, James teve dificuldades porque estava acostumado a contar tudo para sua mãe. No início, ele cedia quando Debra pedia mais informações, a fim de continuar controlando-o. Ela sabia exatamente o que dizer para desarmar James. Após alguns deslizes, ele começou a se preparar para as táticas maternas. E, no decorrer do tempo, tornou-se firme em relação às suas expectativas.

Enquanto James aprendia a impor limites consistentemente, eu instruía Tiffany a usar linguagem motivacional para apoiar seu marido na mudança do relacionamento com a mãe. Ele lutava para se impor como adulto diante de Debra. Ela o condicionara de que sabia e queria o que era melhor para ele, de modo que ele temia um afastamento se estabelecesse limites. Ele não levava em conta que podia impô-los para a mãe sem comprometer sua proximidade e, simultaneamente, mitigar os problemas em seu casamento e a rixa entre Tiffany e Debra. A mãe queria o melhor para James, mas, talvez, o melhor para ele fosse colocar limites para ela.

VOCÊ SE TORNA ADULTO QUANDO IMPÕE LIMITES AOS SEUS PAIS

Os filhos se tornam legalmente adultos a partir dos 18 anos. Mesmo que todos continuem morando juntos, a partir dessa idade, os filhos não querem mais que os pais tenham acesso total à vida deles. Obviamente, eles ainda têm de aceitar os limites parentais, mas também podem impor alguns, mesmo que em menor escala.

Uma parte fundamental de se tornar adulto é a autonomia. À medida que se sente mais confortável sendo adulto, você passa a não querer ser regido o tempo todo por seus pais. Em alguns casos, os pais podem argumentar que estabelecer limites denota desrespeito. Mas não é desrespeitoso fazer isso cuidadosamente. Se tiver medo de desrespeitar seus pais, você pode se sentir melhor explicando por que o limite é tão importante.

Como você enfrenta a força mais influente em sua vida? Como você transforma seu relacionamento infantil em um relacionamento adulto? Como sempre o conheceram muito bem por dentro e por fora, seus pais sabem o que dizer para desarmá-lo e conseguir o que querem. Você percebe o que seus pais querem só observando sua linguagem corporal ou uma mudança de humor.

A maioria das pessoas não quer decepcionar os próprios pais. Quando eu era criança, a coisa que mais me doía era ouvir minha mãe dizer "estou decepcionada". Isso partia meu coração e eu me comportava direitinho pelo menos nas duas horas seguintes. Mas, quando não impõe limites para seus pais, é você que fica decepcionado, ressentido e ansioso. A uma certa altura, é saudável todos os adultos questionarem, "o que eu quero?".

Sinais de que você precisa impor limites aos seus pais

- Seus pais estão cientes de detalhes íntimos de seu relacionamento (especialmente se estiverem prejudicando-o).

- Seus pais se envolvem em suas controvérsias com os outros.
- Seus pais não respeitam sua opinião.
- Seus pais invadem sua privacidade sem pedir licença.
- Seus pais insistem que você concorde com tudo.
- Você diz sim a seus pais por obrigação, mesmo quando isso é inconveniente.

Limites para os pais se configuram assim:

- Expressar seus sentimentos abertamente.
- Administrar seu tempo da melhor maneira para sua agenda e estilo de vida.
- Não se sentir pressionado para comparecer a todos os eventos da família.
- Dizer aos pais quais são as regras em sua casa.
- Não permitir que eles apareçam de surpresa em sua casa.
- Não contar detalhes íntimos de seu relacionamento.
- Não falar mal de seu companheiro ou companheira para seus pais.
- Dizer não.
- Na hora certa, apresentar seu companheiro ou companheira aos seus pais.
- Resolver sozinho suas controvérsias com os outros.
- Partilhar sua opinião com seus pais.
- Ser transparente sobre suas expectativas de como os pais devem se envolver com seu companheiro ou companheira.
- Recusar presentes oferecidos com o intuito de que você tenha um determinado comportamento.
- Dizer a seus pais para pararem de perguntar sobre sua vida amorosa, quando pretende ter filhos, se casar ou qualquer outro assunto que o incomode.
- Ficar em um hotel quando for visitar os pais.

Limites para seus pais incluem:

- "Estou com uma namorada nova. Quando vocês a conhecerem, não perguntem se vamos nos casar."

- "Não estarei em casa no Natal porque resolvi festejar com meus amigos."
- "Antes de me visitar, por favor, telefone".
- "Eu gostaria de expressar o que sinto sem vocês dizerem que discordam de certas emoções."
- "Eu sei que vocês querem o melhor para mim, mas preciso lidar sozinho com as coisas em meu relacionamento."
- "Não vou aceitar dinheiro de vocês se sua intenção for me obrigar a fazer alguma coisa ou me criticar."
- "Eu entendo o quanto é importante para vocês que eu continue ligado à família, mas sei como manter conexões sem sua opinião."
- "Quando tenho problemas com minha irmã, não quero que vocês se envolvam. Nós somos adultas e podemos resolver nossas diferenças sem sua orientação."
- "Papai, fico incomodado ao ouvir você falar de seu relacionamento com a mamãe. Por favor, faça confidências para outra pessoa."
- "Gostaria que você se lembrasse de que sou vegetariano quando preparar as refeições para reuniões de família."

Lembretes importantes

- É normal e saudável você ter limites em seus relacionamentos. (Lembre-se de que seus pais são humanos.)
- Exponha seus limites assim que notar que é necessário. Isso evitará possíveis reações indesejadas após você ter deixado as coisas irem longe demais.
- Estabelecer limites para seus pais é uma novidade para você e para eles. Se houver resistência, provavelmente eles ainda estão se ajustando a essa nova fase em seu relacionamento.
- Seja claro e consistente ao impor seus limites.
- É verdade que você sempre será uma criança para seus pais. No entanto, você se tornou adulto e tem sua própria maneira de viver.

LIMITES EM FERIADOS

A uma certa altura na vida adulta, é comum querer mudar as tradições familiares em feriados. Talvez você queira ficar em casa sozinha, viajar ou celebrar com a família de seu companheiro ou companheira. Então, informe logo o que planeja para o feriado. Por mais cômodo que pareça, avisar em cima da hora que você não comparecerá pode gerar mais problemas com sua família.

Limites em feriados incluem:

- Avisar sua família que você vai se hospedar em um hotel.
- Ficar em um hotel quando você visitar sua família.
- Reservar algum tempo e espaço para ficar sozinha, quando você se hospeda com a família.
- Criar novas tradições.
- Comprar menos presentes ou se ater ao orçamento.
- Não incluir pessoas desagradáveis em seu programa no feriado.
- Mudar de assunto quando as conversas ficarem acaloradas.

LIMITES PARA SEUS SOGROS

Se você estiver em um relacionamento sério (com ou sem filhos), é comum os sogros causarem estresse para o casal. Certa vez, mencionei a uma cliente que receberia a visita da minha sogra, e ela perguntou, "você gosta dela?". Afinal, sogras são notórias por prejudicarem os relacionamentos.

Os sogros prejudicam o relacionamento quando a filha ou o filho adulto não impõe limites. Em consequência, os cônjuges ficam com o fardo de estabelecer limites. Uma das perguntas que mais me fazem é "como você estabelece limites para os pais da outra pessoa?". No livro *Babyproofing Your Marriage: How to Laugh More and Argue Less as Your Family Grows*, as autoras Stacie Cockrell, Cathy O'Neill e Julia Stone aconselham que você conte seus problemas para o companheiro ou companheira, que ambos façam juntos um plano de ação e que ele ou ela exponha os limites.

Basicamente, você define limites para sua família, e seu companheiro ou companheira define limites para a dele/dela. Essa opção funciona bem se seu companheiro ou companheira concordar com os problemas que você relata e tem coragem para se posicionar com a família. Mas, se ele ou ela ainda não se impôs como adulto diante dos pais, cabe a você definir os limites.

Mas, caso não faça isso com seus sogros, você pode começar a ficar ressentido com seu/sua cônjuge por não batalhar pelo relacionamento ou por ser um capacho. Exponha os limites para os sogros apenas uma vez, caso tenha dado em vão a chance de seu companheiro ou companheira falar em seu nome.

Seja bondoso e gentil com eles. É sempre difícil estabelecer limites e, para muitas pessoas, isso é ainda mais complicado quando se trata da família. Seu companheiro ou companheira certamente está diante de uma tarefa muito árdua e atemorizante.

Sinais de que você precisa impor limites para seus sogros

- As reuniões especiais de família (inclusive seu casamento) acabam girando em torno deles.
- Eles fofocam sobre você com os parentes.
- Eles deixam muito claro que não gostam de você.
- Eles dão opiniões negativas a seu respeito para seus filhos.
- Eles questionam seu estilo de parentalidade.
- Eles tomam decisões relativas à sua família.
- Eles estimulam seu/sua cônjuge ou as crianças a esconder segredos de você.
- Eles sabem antes que você coisas fundamentais que estão acontecendo com seu companheiro ou companheira.
- Eles lhe dão presentes com segundas intenções.
- Eles dão coisas às crianças, mesmo sabendo que você desaprova.
- Eles não respeitam sua maneira de criar as crianças.

Limites para seus sogros se configuram como:

- Exponha claramente sua filosofia parental.
- Peça ao/à cônjuge para apoiá-lo em um limite que você definiu para seus sogros.
- Peça diretamente ao seu companheiro ou companheira para impor um limite aos pais.
- Não aceite presentes se souber que há intenções ocultas.
- Deixe claro para o companheiro ou companheira e as crianças que é inadequado guardar segredos.

Exemplos de limites para seus sogros

- "Nós queremos que as crianças falem abertamente conosco. Não as aconselhem a esconder segredos de nós".
- "Eu sei que vocês se importam com nossa família e entendo que queiram se envolver. Mas queremos tocar a vida do nosso jeito".
- "Somos gratos por vocês estarem dispostos a nos ajudar financeiramente. Mas quando fizerem isso, por favor, façam de coração, não com a expectativa de que temos que fazer alguma coisa em retribuição".
- "Sua maneira de criar filhos é diferente da nossa. Por favor, respeitem nosso jeito de educar as crianças e nossos desejos nesse sentido".

PARA O(A) PARCEIRO(A)

- "Eu sei que você é próximo do seu pai, mas não fale sobre nossa vida sexual com ele".
- "Quando você conta as coisas primeiro para seus pais, eu me sinto excluída. Eu gostaria de ser a primeira a saber o que está acontecendo com você".
- "É inadequado você esconder coisas de mim e contá-las para seus pais".
- "Quando defino um limite para seus pais, eu gostaria que você me apoiasse".

Lembretes importantes

- Seja gentil com seu companheiro ou companheira, enquanto ele/ela aprende a impor limites para os próprios pais.
- É correto expor seu limite com sua sogra ou sogro caso seu companheiro ou companheira não faça isso.
- Não permita que as violações de limites ocorram por muito tempo, sem intervir.

LIMITES PARA OUTROS PARENTES

"Minha irmã detesta todas as minhas amigas. Sempre que a convido para irmos a algum lugar com minhas amigas, ela acha um motivo para implicar com elas. Ela age assim desde que fomos para faculdades diferentes. Parece que ela quer ser a única pessoa em minha vida". Monica estava cansada de tentar incluir a irmã nos planos e vê-la arruinar os encontros. Em sua festa de aniversário de 23 anos, a irmã teve uma discussão com a companheira de quarto de Monica na faculdade. Na sequência, Monica passou grande parte da festa tentando consolar sua irmã.

Além de seus pais, outros parentes, como irmãos, primos, tias, tios ou avós, podem querer ter um papel de destaque em sua vida e acabar sendo invasivos. É correto eles fazerem parte da sua vida, mas você tem de dizer como quer que eles se comportem.

Sinais de que você precisa impor limites para outros parentes

- Eles transferem a culpa para você, a fim de conseguir o que querem.
- Eles revelam episódios da sua vida para deixá-lo constrangido.
- Eles dão palpites sobre seu namorado ou namorada.
- Eles não têm tato nas opiniões que compartilham sobre você.

- Eles fofocam com você sobre outros membros da família.
- Eles contam suas intimidades para outros membros da família.
- Eles o pressionam para ter um estilo de vida diferente daquele que você quer.
- O relacionamento entre vocês é codependente.
- O relacionamento de vocês é enredado.

Exemplos de limites para outros parentes

- Manter distância.
- Ir a reuniões da família porque você quer, não por pressão.
- Não permitir que os parentes comentem sobre seus namoros, peso ou qualquer área da sua vida que você não queira expor.
- Identificar o que você quer em seus relacionamentos com a família.
- Ter experiências contrárias a uma norma familiar.

Limites para outros parentes se configuram assim:

- "Nós deixamos de ser tão próximas como antes e sei que isso está impactando nosso relacionamento. Mas não vou mais convidá-la para sair com minhas amigas se você ficar ciumenta e estragar a noitada".
- "Nós não concordamos em relação à política, então, devemos evitar esse assunto nas reuniões de família".
- "Eu sei que você quer me ver feliz nos meus relacionamentos, mas pare de dar conselhos e de perguntar sobre minha vida amorosa".
- "Estou muito preocupada com [insira o nome do parente], mas não vou mais apoiar a irresponsabilidade dele pagando suas contas".
- "Eu não quero mais me envolver nas controvérsias familiares e vou parar de ser o mediador".

Lembretes importantes

- Se você for a primeira pessoa na família a impor limites, lembre-se de que isso pode causar uma reação negativa.
- Estabelecer limites mudará a visão das pessoas sobre você.

LIMITES PARA A GUARDA COMPARTILHADA DOS FILHOS

"Como vou aturar minha ex-mulher narcisista pelo resto da vida dos meus filhos?", Jason me perguntou durante uma sessão. Ele tinha dois filhos com Jessica, que falava mal dele para as crianças e o encarregava da disciplina, fazendo com que parecesse rígido demais. Ele notava que ela manipulava as crianças dizendo o quanto queria ter mais tempo para ficar com elas, embora tenha sido inflexível em relação à guarda compartilhada meio a meio.

Jason passou a achar cada vez mais difícil se comunicar com Jessica, pois ela sempre o culpava pelo impacto do divórcio sobre as crianças.

O termo "guarda compartilhada" se aplica a pais que vivem juntos ou separados. Mesmo nos casos em que a separação é amistosa, é difícil criar os filhos se as duas pessoas têm sistemas de crenças muito distintos.

Mesmo sem querer, os pais podem afetar negativamente as crianças em virtude do seu relacionamento espinhoso. Mas quando temos filhos com alguém, essa conexão é para sempre. Eu sei que é difícil dividir a criação dos filhos com um ex-companheiro irritante, mas isso pode ser contornado com a imposição de limites saudáveis.

Sinais de que você precisa de limites mais saudáveis na guarda compartilhada:

- A outra pessoa fala mal de você para as crianças.
- As decisões impactam negativamente as crianças porque você e a outra pessoa nunca concordam.

- As crianças presenciam insultos, controvérsias verbais, abuso emocional ou violência doméstica.
- As crianças são pressionadas a tomar partido (escolher quem está certo ou errado ou se querem conviver mais com o pai ou a mãe).
- As crianças são usadas como joguetes durante as controvérsias.

Exemplos de limites na guarda compartilhada

- Discutir problemas juntos antes de falar com as crianças.
- Respeitar o acordo de custódia física.
- Não dar informações inadequadas sobre a outra pessoa para as crianças.
- Criar regras para as discussões diante das crianças.
- Usar um mediador se os problemas não puderem ser resolvidos amigavelmente.
- Combinar um lugar para buscar e entregar as crianças a cada estada na casa do outro genitor.

Limites na guarda compartilhada se configuram assim:

- "Enquanto não chegarmos a um acordo sobre tudo, acho que essa combinação pode ser razoável".
- "Acho melhor um mediador nos ajudar a decidir o que é justo em termos de custódia física e pensão alimentícia".
- "É péssimo as crianças verem a gente brigando. Não vou ter uma conversa inadequada diante delas".
- "Por favor, não fale sobre mim nem o que pensa a meu respeito para as crianças".
- "As crianças são impactadas pelo que veem. Vamos mostrar a elas que, mesmo discordando, podemos ter um relacionamento saudável".

Lembretes importantes

- O seu relacionamento é um exemplo bom ou ruim para seus filhos se conduzirem nos relacionamentos deles.

- As crianças querem se sentir seguras.
- Você só pode fazer a sua parte. Se impuser um limite, você deve respeitá-lo.
- As crianças se beneficiam muito quando os pais se dão bem.

LIMITES PARA AS CRIANÇAS

Crianças e adolescentes abaixo de 18 anos são emocionalmente imaturos para lidar com problemas adultos. Mesmo que sejam maduros para sua idade, eles não devem ser expostos a estresses dos adultos. Obviamente, à medida que crescem, eles conseguem digerir mais coisas e, mediante explicações dos pais, entender conceitos mais complexos.

Limites ajudam as crianças a se sentir mais seguras. Embora se oponham, elas precisam de regras e de uma estrutura sólida, e limites são fundamentais para que aprendam como tratar os outros e ter relacionamentos saudáveis.

Vou usar várias vezes o termo "adequado para a idade" em referência aos limites adequados para diversas faixas etárias. Quando meus clientes estão inseguros sobre o que é adequado para certa idade, eu peço que reflitam sobre sua infância e ao que eram expostos. Talvez suas experiências fossem inadequadas para aquela idade.

Então, aconselho que eles pesquisem as classificações etárias na TV e sugestões de brinquedos específicos para cada idade, e perguntem a um médico quais atividades são mais seguras para as crianças. Tais sugestões não devem ser usadas como regras inflexíveis, mas ajudam a entender a importância de expor o que é adequado para cada faixa etária.

Sinais de que você precisa impor limites para as crianças

- Elas não têm regras.
- Seu estilo de parentalidade é permissivo demais.
- As crianças são usadas como confidentes.
- Seu estilo de parentalidade só é punitivo.
- Elas têm permissão para falar com os outros inadequadamente.

Limites para as crianças se configuram assim:

- Estabelecer um horário adequado para as crianças irem para a cama.
- Assegurar que elas tenham opções alimentares saudáveis à disposição.
- Falar sobre sentimentos e emoções de maneira adequada para a idade delas.
- Não usar uma criança como confidente.
- Não esperar que as crianças cuidem dos irmãos mais novos.
- Ensinar as crianças a se cuidarem de maneira adequada para a idade.
- Expor as crianças apenas a entretenimento adequado para sua idade.
- Controlar o tempo de uso da internet e das redes sociais.

Exemplos de limites para as crianças

- "Você tem aula amanhã cedo, então vá para a cama às nove horas".
- "Você tomou água hoje? Chega de suco, enquanto você não tomar alguns copos de água".
- "Eu sou o pai e vou cuidar do seu irmão".
- "Por favor, vá para o seu quarto; eu preciso conversar a sós com a vovó".
- "O que você está assistindo é inadequado. Vou mudar as configurações para bloquear certos conteúdos".
- "É normal ficar com raiva. De que maneira você pode se comportar quando está assim?"

Lembretes importantes

- Mesmo que as crianças pareçam maduras para sua idade, é fundamental deixar que elas continuem em uma realidade infantil.

- As crianças não devem saber os detalhes de tudo o que acontece com os adultos.
- As crianças se sentem seguras quando há limites consistentes em vigor.

ENSINANDO AS CRIANÇAS A TEREM LIMITES SAUDÁVEIS

Muitas vezes, os adultos se esquecem de que crianças também precisam de limites. Isso fica evidente quando adultos falam ou agem de maneira insensível, como se pensassem, "como você é criança, ninguém se importa com seus sentimentos".

Adultos devem se lembrar de que crianças

- Têm direito de explorar e expressar seus sentimentos.
- São impactadas pelas coisas que os adultos lhes expõem.
- São afetadas pela reação dos adultos a problemas.
- Guardam lembranças do que sentiram em razão das atitudes dos adultos.
- Não são companheiras de igual para igual nem confidentes.
- Não têm maturidade mental para lidar apropriadamente com problemas adultos, independentemente do que seu comportamento reflita.
- Têm limites.

A maioria dos adultos que atendo lembra-se claramente de que seus limites foram violados na infância, admite que ainda não se recuperou totalmente e também luta para incluir limites saudáveis em suas vidas. Portanto, as crianças devem aprender que ter limites é saudável.

Como não podem exigir que seus desejos sejam respeitados, as crianças pedem que os adultos as escutem quando fazem pequenos desafios em prol de limites saudáveis.

Os limites que uma criança pode estabelecer se configuram assim:

- "Dá para você parar de falar coisas ruins sobre o papai?"
- "Você nunca presta atenção em mim. Por que você não me escuta?"
- "Eu não quero lhe dar um abraço".
- "Eu quero que você largue seu celular e passe mais tempo comigo".
- "Eu não gosto de falar com a vovó; ela sempre é implicante comigo".

É importante escutar quando as crianças fazem pedidos desse tipo e, sempre que possível, respeitar seus limites.

Estabelecer limites para a família é especialmente difícil, pois há anos ela está habituada a ver você agir de certa maneira e representar um determinado papel. Mas é preciso mudar quando você não suporta mais uma situação. Por mais incongruente que pareça, impor limites para sua família pode melhorar muito o relacionamento entre todos vocês.

Exercício

Pegue seu caderno ou uma folha de papel para fazer o exercício a seguir.

- Como você se sente em relação a estabelecer limites para sua família?
- Que pessoa da sua família seria mais receptiva aos seus limites?
- Que pessoa da sua família seria menos receptiva aos seus limites?
- Cite dois limites que você gostaria de impor à família.
- Que ações ou acompanhamento seriam necessários para sua família aceitar seus limites?

11

RELACIONAMENTOS ROMÂNTICOS
Relacionamentos perfeitos não caem do céu; é preciso criá-los.

Após um ano de namoro, Malcolm e Nicole resolveram morar juntos. Então, após dois anos de convivência, passaram a discutir constantemente por causa das tarefas domésticas, sobre quanto tempo passavam juntos e o futuro do relacionamento. Muitas vezes, Malcolm se aborrecia tanto com as discussões que saía, só voltava para casa horas depois e ainda passava alguns dias "dando um gelo" em Nicole.

Em nossas sessões, Nicole reclamou da falta de comunicação entre eles. Ela sabia que ambos se amavam profundamente, mas não entendia por que discutiam tanto.

Enquanto isso, Malcolm dizia que Nicole "vivia pegando no seu pé". Ao invés de dizer diretamente o que queria, ela insinuava suas necessidades de modo pouco sutil. Isso aborrecia Malcolm. Quando estava irritado, ele ignorava os pedidos passivo-agressivos dela.

O ponto crucial era que Nicole queria se casar. Ela não esperava viver com Malcolm por dois anos sem pelo menos ficar noiva. Então, ficara ressentida e, durante as discussões, frequentemente tocava no assunto do casamento.

Por sua vez, Malcolm não tinha certeza se queria se casar. Foi só após eles estarem morando juntos há seis meses que Nicole começou a falar sobre isso. Malcolm minimizava as preocupações dela de uma maneira que nunca a tranquilizava.

Era evidente que os dois precisavam de ajuda para entender a raiz de seus problemas e se abrir sobre as falhas de comunicação comuns durante as discordâncias. Eles achavam que eu arbitraria suas controvérsias dizendo quem tinha razão ou deveria mudar, mas para sua surpresa, falei sobre os acordos que haviam feito anteriormente no relacionamento.

Além de "eu amo você; você me ama", Malcolm e Nicole nunca haviam conversado sobre suas expectativas individuais e o que cada um considerava aceitável no relacionamento. Por isso é que Malcolm saía de casa durante as discussões. Nicole queria se casar, mas Malcolm estava inseguro. Há três anos, eles conviviam sem limites verbalizados e com raiva por causa das violações que a outra pessoa cometia sem saber.

Desde o início da terapia, eu vi que o casal tinha problemas com limites em seu relacionamento.

DE VOLTA AO BÁSICO

No Capítulo 1, apontei sinais de que você precisa de limites mais saudáveis. No caso de Nicole, ela estava ressentida e isso estava começando a transparecer nas interações diárias do casal. Ao invés de comunicar suas necessidades de maneira clara e direta, ela costumava expressá-las de maneira passivo-agressiva. Ela dizia, por exemplo, "quando voltar da casa da sua mãe, espero que tenha tempo de preparar o jantar conforme prometeu". Se fosse assertiva, ela diria algo como "volte para casa até nove horas para preparar nosso jantar ou, então, traga alguma coisa para nós comermos". Comunicar sua necessidade, provavelmente, evitaria uma discussão, mas ela armava um cenário que sempre descambava para um desentendimento.

No Capítulo 2, abordamos o que acontece quando os limites não são estabelecidos. Nicole estava esgotada, então dizia coisas como "estou cansada de ser a única que ____" e "sempre considero o que Malcolm quer". Ela sentia que se doava demais e tinha pouca retribuição.

Malcolm queria paz, e quando ela era varrida em discussões intensas, botava um limite saindo de casa.

No Capítulo 3, mostramos o que impede as pessoas de estabelecerem limites. Nicole não queria sentir culpa por ser direta sobre o que queria e também temia que Malcolm não quisesse atender aos seus pedidos. No entanto, como não dissecava seus problemas a fundo, os dois não tinham certeza se casar-se era uma boa opção para seu relacionamento.

No Capítulo 6, detalhamos maneiras de identificar e comunicar limites. Ao ajudar Nicole e Malcolm a comunicarem os seus, eles ganharam uma chance razoável para o relacionamento continuar de maneira mais saudável. À medida que analisávamos as necessidades de ambos, chegamos às seguintes conclusões:

Necessidades de Nicole
Um entendimento claro sobre o futuro do relacionamento, com a esperança de se casar algum dia; apoio doméstico.

Necessidades de Malcolm
Identificar melhor os problemas e abordá-los de maneira mais compassiva, ao invés de partir para controvérsias explosivas.

Em princípio, eu ajudei Nicole a afirmar claramente o que queria para que Malcolm pudesse entender. Para sua surpresa, Malcolm a escutou e disse que atenderia imediatamente aos pedidos por mais apoio em casa. Nós falamos sobre maneiras diretas de pedir ajuda, como "Eu preciso da sua ajuda com ____".

"Volte para casa até as nove horas para jantarmos juntos".
"Marquei uma saída noturna para nós passarmos um tempo juntos".

Ao fazer pedidos claros, o casal diminuiu a frequência e a intensidade de suas discussões.

Em relação à GRANDE conversa sobre o casamento, Malcolm admitiu ter ansiedade em relação a isso por causa da dinâmica disfuncional de seus pais e de outros casais. Ele e Nicole começaram a conversar sobre problemas e barreiras de cada um, e firmaram uma série de novos acordos para seu relacionamento.

ACORDOS NO RELACIONAMENTO

Em todo relacionamento as pessoas funcionam com base em vários acordos (regras e limites) explícitos ou implícitos. Baseados nesses acordos, os relacionamentos variam de pessoa para pessoa. Em um relacionamento, podemos ser mais argumentativos; e em outros, argumentar é uma prática aceitável porque, a uma certa altura, foi feito um acordo explícito ou implícito de que isso seria inadequado no relacionamento. Por exemplo, você pode ter um acordo verbalizado ou não sobre discussões com seu chefe.

Exemplos de acordos explícitos com limites saudáveis

"Não erga a voz comigo".
"Eu quero um relacionamento aberto, no qual possamos conversar sobre os outros parceiros".
"Eu quero encontrar seus amigos".

Exemplos de acordo implícitos com limites doentios

Supor que as pessoas saibam se conduzir corretamente em um relacionamento.
Supor que as pessoas atenderão às suas necessidades mesmo que não as mencione.
Supor que as pessoas saibam automaticamente suas expectativas.
Mas a verdade é que as pessoas só tem como saber o que é verbalizado, só respeitam o que você pede e não conseguem adivinhar seus pensamentos.

Hábitos prudentes nos relacionamentos

- Definir o que são relacionamentos saudáveis.

- Avaliar o que o leva a se relacionar com certas pessoas.
- Notar sua energia quando está com as pessoas.
- Fazer apenas o que acha certo.
- Ficar em paz por não ter um relacionamento que todo mundo aprove.
- Desafiar normas sociais sobre como os relacionamentos devem ser.
- Descobrir o que o deixa feliz em seus relacionamentos.
- Respeitar seus sentimentos fazendo escolhas saudáveis.

EXPOR AS EXPECTATIVAS

Exponha suas expectativas em qualquer ponto de seu relacionamento, mas quanto mais cedo, melhor. Se você quiser se casar, é fundamental saber se a pessoa em questão também quer isso. Caso queira ter filhos, é necessário saber se a outra pessoa faz questão disso. A partir desse entendimento claro, você pode firmar acordos intencionais em seus relacionamentos.

Tudo parece mais divertido no início de um relacionamento e ambas as pessoas parecem fáceis de agradar. Mas a coisa mais agradável a fazer é ser sincero consigo mesmo e com a pessoa com quem está namorando. Para poupar seu tempo e evitar muitas mágoas, acredite também quando as pessoas dizem coisas como "eu não quero um relacionamento sério", "não sou do tipo ligado em casamento", "todas as minhas ex diziam que eu era maluco" ou "eu não consigo me ver com uma criança". Se você não se incomodar com essas afirmações, talvez o namoro progrida. Mas se você quiser o oposto, encontre outra pessoa que queira as mesmas coisas. Caso contrário, passará a maior parte do relacionamento tentando convencer a outra pessoa a fazer o que você quer. Raramente, alguém muda de ideia para valer só para apaziguar a outra pessoa.

Após alguns encontros com alguém, comece a falar sobre suas expectativas. O maior temor ao ser sincero é afugentar as pessoas, mas isso só acontecerá se elas não estiverem interessadas naquilo que você apresenta. Portanto, por mais que isso magoe, elas se assustarem e caírem fora é um sinal de que o relacionamento não daria certo.

No início de um relacionamento, é fundamental saber

- Qual é o plano para o relacionamento?
- Vocês têm valores compatíveis?
- Há algum problema incontornável?
- Como vocês lidarão com controvérsias?
- O que é aceitável no relacionamento?
- Que regras você quer implementar relacionamento?

Se você está imerso em um relacionamento no qual os limites não foram expostos, seja claro a respeito disso imediatamente e comunique-os ao seu companheiro ou companheira. Baseado na sua intuição sobre problemas específicos que emergiram, você saberá em que áreas deve impor limites. Reflita se sentiu ressentimento, exaustão, frustração, agitação, desassossego e raiva. Essas emoções o guiarão diretamente para onde é preciso estabelecer limites em seu relacionamento.

FALTA DE COMUNICAÇÃO É A CAUSA PRINCIPAL DE DIVÓRCIOS E ROMPIMENTOS

Há 14 anos sou terapeuta de casais. E o motivo principal dos casais recorrerem à terapia é melhorar a comunicação entre eles. Na realidade, constatei que a maioria dos problemas de relacionamento é ligada à comunicação. Se você pesquisar "livros para casais" no Google, a maioria das obras será sobre essa questão.

Nesses anos todos ajudando casais, fico abismada com a grande frequência com que eles se juntam sem conversar primeiro sobre as regras do envolvimento, incluindo o que pode ou não acontecer no relacionamento. Não estou falando sobre o que era adequado em outros relacionamentos, mas no relacionamento atual. O que é aceitável e inaceitável?

Aqui estão algumas áreas em que comumente surgem problemas de comunicação:

Fidelidade

- Seu relacionamento é monogâmicos?
- O que significa monogamia?
- O que é traição?
- Quais são as consequências se alguém trair?

Finanças

- Como vocês lidarão com a administração do dinheiro do relacionamento
- Como será feita a divisão de contas?
- Quais são suas metas financeiras no curto e em longo prazo?
- O casal terá conta conjunta ou contas separadas em bancos e corretoras de investimentos?
- Um dos dois ou ambos têm problemas financeiros?
- Como vocês lidarão com eventuais problemas financeiros?

Tarefas domésticas

- Quem é responsável por qual tarefa?
- Como as tarefas serão divididas para ninguém ficar sobrecarregado?
- Como vocês podem atuar juntos para suprir as necessidades de sua casa?

Crianças

- Ambos desejam filhos?
- Quantos filhos desejam?
- Quais são seus estilos de parentalidade ou como acham que eles serão?
- Como vocês lidarão com discordâncias relativas às crianças?
- Como vocês manterão seu relacionamento após a chegada dos filhos?

Forças externas

- Como vocês lidam com problemas com a família de cada um?
- O que acontece quando você discorda da maneira que seu companheiro ou companheira lida com um problema?
- É aceitável falar sobre seu relacionamento com pessoas de fora? Em caso afirmativo, com quem?
- Como vocês protegem seu relacionamento de interferências alheias?

Não só é importante se comunicar mais, como também é vital o conteúdo da sua comunicação. Ter conversas incômodas pode salvar os relacionamentos. Portanto, disponha-se a conversar sobre problemas antes que isso vire um assunto mais sério. Evitar essas falhas comuns de comunicação poupa as pessoas de discussões no futuro.

Ter conversas incômodas pode salvar os relacionamentos.

A ASSERTIVIDADE EVITA A COMUNICAÇÃO RUIM E DISCUSSÕES RECORRENTES

É difícil ser assertivo, ainda mais se sua crença subjacente for:

- Eles não ligarão.
- Eles não atenderão meu pedido.
- Eles não vão me levar a sério.
- Eles não me entenderão.
- Isso não vai adiantar nada.
- Eu não quero ser intolerante.

Em relacionamentos saudáveis, comunicar suas necessidades é uma iniciativa bem recebida e respeitada. Em relacionamentos doentios, as pessoas o ignoram, repelem ou até desafiam seus limites. Nós já exploramos o que fazer caso seu relacionamento não for saudável. Vamos, então, supor que sua falta de assertividade se deva ao medo. Em minhas sessões com casais, fico surpresa de ver o quanto eles se refreiam porque temem o que a outra pessoa possa dizer.

Janice e Sarah buscaram terapia porque Janice queria mais sexo. Quando perguntei a elas, "com que frequência vocês gostariam de fazer sexo?", ambas disseram a mesma coisa: "Duas a três vezes por semana".

Isso acontece com muita frequência porque, ao invés de achar uma solução, a maioria dos casais fica discutindo sobre o problema. Ao invés de afirmar, "eu gostaria de fazer sexo duas a três vezes por semana", e, então, começar a se acariciar, a maioria dos casais continua discutindo e repisando, "nós nunca fazemos sexo".

Ser assertivo define uma expectativa para seu companheiro ou companheira. Você simplesmente deixa de reagir a cada problema e passa a ser proativo em relação aos problemas em seu relacionamento.

Quando há um desafio em seu relacionamento, pergunte a si mesmo:

1. Qual é o verdadeiro problema?
2. Qual é a minha necessidade?
3. Como devo me comunicar com o meu companheiro?
4. O que posso fazer para assegurar que minha necessidade seja atendida?
5. O que quero do meu companheiro no sentido de atender às minhas necessidades?

CRIANDO UM AMBIENTE PARA A COMUNICAÇÃO FRANCA

A comunicação franca abre espaço para abordar problemas que impactam a saúde de seu relacionamento ou das pessoas envolvidas. Mas comunicação franca não significa ser maldoso ou massacrar seu companheiro ou companheira com tudo que o incomoda. Por exemplo, não é correto dizer coisas como "eu detesto sua mãe" e achar que isso é ser franco. No entanto, é adequado dizer, "eu gostaria de melhorar o relacionamento com sua mãe porque notei que ele anda tenso. Você tem alguma sugestão nesse sentido?".

Obviamente, o ideal é estabelecer uma comunicação saudável desde o início, mas caso já esteja há algum tempo em um relacionamento, é fundamental falar agora sobre isso. A comunicação franca mais eficaz é a proativa, ou seja, antes que uma pequena discussão se torne um problema sério. Pequenas discussões facilmente podem piorar o clima, então, aborde os problemas até quando você achar que não são "grande coisa". Você ficará surpreso ao constatar que "ninharias" depois viram problemas sérios, como:

"Ele tira os sapatos e larga no meio da sala".
"Ela nunca pergunta o que eu quero jantar".
"Ele nunca leva meu carro à oficina. Eu tenho que resolver tudo sozinha".

Dizer o que você precisa permite que seu companheiro ou companheira respeite seu limite. Ficar calado só irá enervá-lo.

Aqui estão alguns exemplos e soluções para violações comuns de limites em relacionamentos românticos:

"Eu detesto minha sogra e meu marido não a enfrenta. O que devo fazer?"

Por mais intolerável que seja ver seu marido sendo manipulado pela mãe, provavelmente essa sempre foi a dinâmica entre eles. Você não pode abrir os olhos das pessoas para o que elas não conseguem ver. Talvez você consiga fazer seu marido se abrir mais sobre o relacionamento com a mãe e sugerir delicadamente pequenos ajustes, mas o problema com sua sogra não será resolvido da noite para o dia. É preciso tempo e muita paciência.

No relacionamento com sua sogra, você pode criar os limites que quiser. Minha única advertência é que você deve ter cuidado para não falar mal dos seus sogros diante de seu companheiro ou companheira quando estiver frustrado. Não importa a quantidade de problemas que você tenha com eles, jamais queira minar o relacionamento de seu companheiro ou companheira com os pais.

Se possível, peça a seu marido para abordar os problemas diretamente com a mãe. Em vez de dizer, "minha mulher disse que ____", ele deve usar o termo "nós", como "nós achamos que ____". O termo "nós" indica uma decisão conjunta, ao invés de algo que partiu só de uma pessoa.

"Meu companheiro sempre se atrasa para tudo".

Se você expressou seu limite e ele é sempre desrespeitado, você deve mudar seu comportamento para promover a paz. Aqui estão algumas possíveis opções:

- Cada um sai com o próprio carro.
- Acostuma-se com os atrasos.
- Adverte seu companheiro ou companheira.
- Aceita que está com alguém que habitualmente se atrasa.

"Meu companheiro sempre empresta dinheiro para os parentes e este comportamento me desagrada".

Não emprestar dinheiro para as pessoas pode ser sua regra, mas não a do seu companheiro ou companheira.

Aqui estão algumas opções para resolver a questão:

- Se seu companheiro ou companheira está usando as contas conjuntas, você pode impor uma regra para que ele ou ela use apenas o próprio dinheiro para ajudar os outros.
- Se uma determinada pessoa habitualmente pede dinheiro emprestado, estabeleça algumas diretrizes.
- Discuta o impacto no curto e em longo prazo que emprestar dinheiro causa à sua família.
- Fale como o dinheiro poderia ser útil para outros planos de sua família.

PERÍODOS DIFÍCEIS EM UM RELACIONAMENTO ROMÂNTICO DURADOURO

Na maioria dos casamentos, as pessoas relatam menos satisfação durante o primeiro ano, logo após o nascimento das crianças e quando os filhos saem de casa.

O primeiro ano

Para muitos casais, aprender a conviver traz desafios emocionais, seja por compartilhar o mesmo espaço físico e/ou em razão do trato com as finanças. O casal passa o primeiro ano de casamento se adaptando à família estendida e aos vários papéis e experiências novos.

Ao atender pessoas recém-casadas, noto os seguintes problemas:

1. Aprender a preservar um tempo pessoal, além do trabalho e dos outros papéis na vida.
2. Dividir tarefas e responsabilidades domésticas
3. Gerir as expectativas e os relacionamentos com a família estendida.

O primeiro ano é para aprender a ter uma vida em conjunto. Durante esse período, é fundamental haver clareza sobre os limites individuais e do casal. Por exemplo: O que você precisa? O que vocês dois precisam como um casal?

Os dois tipos de limites são igualmente importantes. Muitos casais têm dificuldades no primeiro ano simplesmente porque não haviam definido claramente seus limites e expectativas.

A guarda compartilhada

Há diversas filosofias parentais e raramente (mas espero que isso exista) os pais concordam em tudo. Muitos casais assumem a parentalidade supondo que a outra parte saberá o que eles precisam e atenderá a essas necessidades não verbalizadas.

Quando fui convidada a participar do podcast *Whole Mamas*, a apresentadora Stephanie Greunke falou o quanto queria preparar o jantar sossegada. Ela esperava que o marido entendesse isso e se adiantasse para ajudar. Ela nunca pensou em dizer, "enquanto estou preparando o jantar, por favor, leve as crianças para o andar de cima e as mantenha distraídas para eu agilizar o processo". Então, ela sofria em silêncio, o que inevitavelmente cria ressentimento.

Quando se tornam pais, os casais ficam menos românticos e atentos um ao outro, pois têm de cuidar das crianças. As tarefas básicas, como alimentar, dar banho e vestir as crianças, demandam energia, tempo e determinação. A fim de manter uma rotina familiar azeitada, os casais falam sobre esquemas de carona compartilhada para as crianças irem e virem da escola e as listas de compras no mercado, ao invés de partilhar suas visões de mundo e opiniões sobre as eleições presidenciais. Perguntas sobre o dia de cada um dão lugar a perguntas do tipo se está na hora de trocar a fralda do bebê.

Essas mudanças são mais profundas do que as pessoas imaginam. As identidades fundamentais deixam de ser mulher e amantes e se tornam mãe e pais, prejudicando a intimidade sexual. Em geral, pais recentes param de dizer e fazer as pequenas gentilezas e gracinhas costumeiras para o cônjuge. Mensagens de texto sedutoras dão lugar a mensagens com a lista de compras no supermercado.

Antes de ter filhos, é fundamental conversar sobre a importância de manter a integridade do romance no relacionamento. Após a chegada das crianças, é preciso focar conscienciosamente na parceria. Isso não é fácil quando as necessidades das crianças parecem mais importantes do que uma saída noturna, mas as crianças só têm a ganhar quando o relacionamento dos pais é saudável. Com isso em mente, considere o casamento uma prioridade.

Limites importantes para casais com filhos

- Manter uma rotina de saídas noturnas a sós.

- Contar com babás confiáveis para ter mais tempo pessoal e para o casal.
- Pedir ajuda à família.
- Determinar um horário para as crianças irem para a cama.
- Reservar tempo para conversar sobre outros assuntos, além das crianças.

O NINHO VAZIO

Quando os filhos vão embora, os pais que firmaram sua identidade em torno da parentalidade sofrem para se adaptar ao ninho vazio e têm dificuldade para voltar a focar na parceria romântica. Mas ter filhos não é motivo para abrir mão de si mesmo e de seu casamento. Quando você se torna mãe ou pai, as crianças são um acréscimo em sua vida e não é preciso desistir de tudo para criá-las.

Se limites rígidos ou porosos o impediam de ter uma parceria saudável, estabeleça agora limites saudáveis. Empenhe-se em reconhecer seu cônjuge, namorar e passar mais tempo juntos. É impossível reviver o que havia antes, mas vocês dois podem criar algo novo.

A PRAGA DA FALTA DE COMUNICAÇÃO

Conforme disse, o maior problema na maioria dos relacionamentos românticos é a falta de comunicação. Se as pessoas aprendessem a comunicar o que querem desde o início do namoro, muitos relacionamentos seriam mais felizes. Não se comunicar é perder a oportunidade de ter suas necessidades atendidas. O motivo principal para as pessoas não comunicarem suas necessidades é o medo de serem consideradas intolerantes ou carentes.

Mas é normal ter necessidades e é razoável achar que seu companheiro ou companheira esteja disposto a atender à maioria de suas necessidades. Então, exponha-as logo, porque o ressentimento leva a rompimentos e divórcio.

NECESSIDADES RAZOÁVEIS

Por outro lado, ninguém tem obrigação de atender completamente todas as suas necessidades. Por exemplo, se seu companheiro ou companheira tende a dar conselhos quando você só quer ser ouvida, é melhor abrir-se com um amigo. Nós não podemos mudar as pessoas ou convencê-las a ser totalmente diferentes daquilo que são, e algumas necessidades suas podem fazer seu companheiro ou companheira achar que você está tentando mudá-lo. Em seus relacionamentos, é fundamental considerar se seu pedido é razoável. Pedidos são irracionais quando a outra pessoa não pode atendê-los. Um exemplo de pedido irracional seria "nunca se refira ao passado". Um pedido razoável seria "se você mencionar o passado, vou avisá-lo de que está ultrapassando um limite e redirecionar a conversa".

Exercício

Pegue seu caderno ou uma folha de papel para fazer o exercício a seguir.

Caso seja solteiro ou solteira, pergunte a si mesmo:

- Quais são minhas cinco necessidades principais em um relacionamento?
- Quando comunicarei meus limites?
- Como posso comunicá-los naturalmente?
- Quais serão minhas maiores dificuldades para estabelecer limites?
- Como eu gostaria que um potencial parceiro recebesse meus limites?

Se você já estiver em um relacionamento, pergunte a si mesmo:

- Quais são minhas cinco necessidades principais nesse relacionamento?
- Meu companheiro está ciente das minhas necessidades?
- Qual é o maior problema em meu relacionamento?
- Eu estabeleci alguns limites para meu companheiro ou companheira?
- Estou agindo de acordo com os limites que impus ao meu companheiro ou companheira?
- Há outras maneiras de expor meus limites para meu companheiro ou companheira?

12

AMIZADES

Seus limites são um reflexo do quanto você está disposto a lutar pela vida que deseja.

"Eu detesto meu emprego", disse Dave a seu amigo Kevin na volta do trabalho para casa. Enquanto ouvia Dave reclamar do expediente, de sua mulher e das pessoas em geral, Kevin se sentia esgotado e empacado. Ele gostava muito do amigo, mas toda vez que Dave telefonava, Kevin respirava fundo antes de atender. Ele sabia o que teria de aguentar. Pelo menos duas vezes por semana, ele ouvia o monólogo de Dave.

Mesmo assim, sempre que Kevin precisava de alguma coisa, era Dave quem o ajudava. Eles eram muito unidos desde o ensino médio e, apesar de ter ido para faculdades diferentes, se mantiveram em contato. O percurso de ambos para voltar de carro para casa durava 30 minutos, então eles criaram o hábito de conversar duas vezes por semana e trocar mensagens de texto ao longo do dia.

Kevin achava Dave divertido, expansivo e ótima companhia, mas não aguentava mais suas reclamações constantes. Ao invés de se envolver plenamente na conversa, Kevin dizia "arrã, arrã" e raramente dava sua opinião. Ele detestava os telefonemas, mas achava que seria rude se queixar ou tentar mudar o padrão de comunicação entre eles.

Kevin se considerava uma pessoa relativamente assertiva e decidida, mas não queria magoar seu melhor amigo. Ele queria preservar a amizade e ter menos interações. E tentava ignorar alguns telefonemas de Dave, mas quando este dizia, "telefonei para você mais cedo", Kevin se sentia obrigado a dar uma desculpa qualquer. Mas, como nem sempre ele achava uma desculpa plausível, continuava atendendo.

"O que eu posso fazer para me livrar da culpa por não atender aos telefonemas dele?", Kevin me perguntou. Imediatamente, nós começamos a falar sobre maneiras de responder e de lidar com seu desconforto. Eu disse que, embora o desconforto não sumisse da noite para o dia, quanto mais praticasse estabelecer um limite, mais seguro ele se sentiria.

Inicialmente, aconselhei Kevin a passar a falar mais sobre si mesmo para ver se isso melhoraria o diálogo. Ele notou alguma melhora, mas Dave ainda se queixava na maior parte do tempo. Então, disse a Kevin para redirecionar a conversa dizendo, "conte alguma coisa boa que aconteceu hoje". Essa estratégia também ajudou, mas Dave ainda reclamava. Kevin então decidiu que falaria com Dave uma vez por semana durante 15 minutos em vez dos 30 minutos usuais.

Em geral, Kevin passou a agir com mais firmeza. Mas quando fraquejava, imediatamente sofria as consequências de um diálogo exaustivo durante meia hora duas vezes por semana.

ESTABELEÇA UM LIMITE OU ENCARE AS CONSEQUÊNCIAS

Exceto pela família, amizades são os relacionamentos em que as pessoas têm mais dificuldade para impor limites. Seus amigos se abrem com você a respeito de quem os ofendeu e como se sentiram. Isso dificulta estabelecer um limite, pois você teme que eles achem isso intolerante ou ofensivo. Mas há esperança, e muitas amizades sobrevivem a esses pedidos. Talvez seus amigos também reajam bem. E lembre-se de que se um relacionamento termina por causa de um limite, isso indica um problema maior. Segundo minhas enquetes nos Stories do Instagram, 81% das pessoas se incomodam com os comentários dos amigos sobre seus namoros. Quando problemas não são abordados e limites não são estabelecidos, os desafios no relacionamento persistem.

Nossos relacionamentos são um reflexo de nossos limites ou da falta deles. As outras pessoas não têm ideia de nossa capacidade emocional ou para ouvir, então, cabe a nós usar palavras e comportamentos para que elas fiquem cientes.

É possível impor nossos limites sem culpa? Infelizmente, não. Mas limites são como os músculos. Quanto mais os exercitamos, fica mais fácil impô-los e mantê-los. Nós supomos que os amigos se magoarão se nós estabelecermos um limite, já que ouvimos suas queixas de que outras pessoas os trataram mal. Mas que tal se eles forem responsáveis por parte dos problemas que têm com os outros?

Eu tinha uma amiga na faculdade que reclamava das coisas que seu namorado e outras amigas diziam a respeito dela. Durante algum tempo eu a escutei passivamente, mas então comecei a avaliar a veracidade dos comentários sobre ela. Não cabia a mim dizer que ela estava errada, mas eu também não tinha que escutar sua lamentação de como os outros a haviam ofendido. Não era correto ficar só murmurando "arrã, arrã" para fingir que a ouvia, então comecei a desviar as conversas para outros assuntos. Para estar totalmente presente, era vital que eu me conectasse com ela por meio de assuntos que levassem a um diálogo interessante. Eu gostava de muitas coisas nela e não queria terminar o relacionamento, então redirecionar as conversas possibilitou que tivéssemos uma amizade mais saudável.

Você sabe a diferença entre uma amizade saudável e uma amizade doentia?

Sinais de uma amizade saudável

- Seu amigo quer vê-lo evoluir.
- A amizade envolve apoio mútuo.
- A amizade é mutuamente benéfica.
- Sua amizade evolui à medida que vocês evoluem.
- Vocês sabem como se apoiar.
- Estabelecer limites não ameaça a amizade.

- Seu amigo fica feliz por você ser autêntico.
- Seu amigo reconhece suas peculiaridades e as contorna.
- Você pode falar com seu amigo sobre seus sentimentos.

Sinais de uma amizade doentia

- O relacionamento é competitivo.
- Você se comporta mal quando está com seu amigo.
- Você se sente sugado emocionalmente após os contatos com seu amigo.
- Seu amigo tenta constrangê-lo diante de outras pessoas.
- Vocês não têm nada em comum.
- Seu amigo conta detalhes da sua vida pessoal para os outros.
- A amizade não é recíproca (você dá mais do que recebe).
- Vocês são incapazes de superar as discordâncias.
- Seu amigo não respeita seus limites.
- O relacionamento é enredado/codependente.

LIDANDO COM RECLAMAÇÕES

Reclamar tem três finalidades: desabafar, resolver problemas ou ruminar. Desabafar significa falar sobre problemas só para aliviar suas frustrações. No sentido de resolver problemas, significa querer orientação ou conselho. Ruminar é falar sempre sobre as mesmas questões, sem tentar resolver os problemas para valer nem aliviar suas frustrações.

Ruminar essencialmente é despejar uma carga indevida sobre os outros. Raramente ouço pessoas que tenham dificuldade para desabafar ou resolver problemas. É a ruminação que se torna um problema.

Quase todo mundo reclama de alguma coisa, mas a frequência faz toda a diferença. Ninguém gosta de ouvir alguém que sempre rumina sobre a mesma coisa. A amiga que reclama o tempo todo faz isso justamente porque damos espaço.

Maneiras de lidar com um resmungão crônico

1. Demonstre empatia quando for adequado.
2. Redirecione a conversa para outro assunto.
3. Seja intencional em seu diálogo e insista no assunto.
4. Lidere pelo exemplo; não reclame.
5. Pergunte se a pessoa quer uma opinião e leve em conta se ela aguenta lidar com a verdade.
6. Não menospreze o relato da outra pessoa (por exemplo, "isso não é tão ruim" ou "você vai superar").
7. Após ter feito tudo o que é possível, defina um limite claro de tempo disponível para a conversa e com que frequência vocês conversarão.

O que dizer para alguém quando você não quer dar conselhos

1. "Não tenho certeza se posso ajudá-lo nessa questão".
2. "Isso parece grave. Você já pensou em falar sobre isso com a pessoa que o está incomodando?"
3. "O que você pensou para resolver a situação?"
4. "O que eu faria diz respeito só a mim. Fico imaginando o que você poderia fazer nessa situação".

Se é você que vive reclamando, é recomendável impor alguns autolimites.

Como gerir queixas crônicas

1. Preste atenção na frequência com que você se queixa.
2. Diga se você só quer desabafar ou quer um conselho.
3. Reflita seriamente sobre a finalidade de suas conversas com as pessoas.
4. Explore e alivie seus sentimentos escrevendo em um diário.

RAZÕES DE PROBLEMAS COM LIMITES NAS AMIZADES

À medida que envelhecemos, fica mais difícil formar novas amizades e renegociar as antigas. É especialmente complicado fazer amizades após os 30 anos, pois nossa capacidade de cultivá-las compete com a parentalidade, o trabalho, a vida amorosa e as relações familiares.

Após os 30 anos, as pessoas têm mudanças internas em relação à abordagem das amizades. Como a autodescoberta dá lugar ao autoconhecimento, você se torna mais exigente com as pessoas em seu entorno, diz Marla Paul, autora do livro *A Friendship Crisis: Finding, Making, and Keeping Friends When You're Not a Kid Anymore*. "A tolerância era maior quando éramos mais jovens e dispostos a encontrar quase qualquer um para tomar umas margaritas", assegura ela.

Nós tendemos a pensar demais sobre as interações. "Será que eles vão gostar de mim?" ou "Será que eu disse a coisa certa?".

Quando temos uma amizade há dez anos ou mais, ficamos acostumados com papéis específicos no relacionamento. Portanto, mudar nossos limites parece uma deslealdade. Mas o fato é que as pessoas mudam o tempo todo. À medida que evoluímos nas amizades, outras áreas das nossas vidas, provavelmente, também evoluirão.

Eu e minhas amigas do ensino médio tivemos de nos adaptar ao entrar na faculdade, ter os primeiros empregos e namoros sérios e, depois, ao casar e ter filhos. Todas as mudanças na vida requerem uma mudança nos limites, e alguns relacionamentos não resistem às mudanças. O fim da amizade talvez indique uma falha na base do relacionamento, não o resultado do novo pedido. À medida que mudamos, é natural algumas amizades ficarem para trás.

PROBLEMAS COMUNS COM LIMITES NAS AMIZADES

Ser sempre o conselheiro

Certa época eu tinha uma amiga que insistia em me contar seus problemas de relacionamento. Então, pedi gentilmente que ela não me contasse mais os detalhes de seu relacionamento porque eu estava ficando irritada com seu namorado. Inicialmente, ela não entendeu, mas após redirecionar constantemente a conversa, tudo entrou nos eixos.

Estabelecer esse limite não estragou nossa amizade. Ao contrário, se eu tivesse continuado a ouvir e a dar meu opinião sincera, isso não seria saudável para nenhuma de nós e prejudicaria nosso relacionamento.

Nada o obriga a ser o especialista em namoros para seus amigos. Você pode escutar, dar exemplos e ajudá-los a resolver problemas. Mas se fazer essas coisas o incomoda, tome providências.

Pedir dinheiro e posses emprestados

"Meu amigo sempre me pede dinheiro emprestado. Como devo lidar com isso?"

Limites possíveis

1. Exponha claramente sua expectativa: "Vou lhe emprestar ____, mas espero que você devolva tudo até ____. Se, por algum motivo, você não puder devolver no prazo determinado, me avise com pelo menos um dia de antecedência".
2. "Não posso lhe emprestar dinheiro algum".
3. "Eu não posso lhe dar ____, mas posso oferecer ____".
4. Tenha em mente que quando empresta dinheiro e posses, você vira uma fonte para os outros. Caso não queira ser uma fonte de empréstimos, pare de oferecer seus recursos.

Dar dicas e conselhos

"Eu não gosto da mulher do meu amigo. O que devo fazer?"

Limite possível

Aprenda a conviver pacificamente. Seu amigo não largará a mulher só porque você não gosta dela. Confessar isso para ele pode gerar uma briga desnecessária, porque trata-se de um problema insolúvel.

Exaustão por dar conselhos em vão

"Minha amiga sempre namora rapazes do mesmo tipo. Eu já falei mil vezes que ela precisa namorar rapazes melhores".

Limites possíveis

1. Você já falou o que acha e ela não ouve. Pare de se repetir.
2. Fique quieta quando sua opinião não é valorizada.
3. Deixe as pessoas cometerem erros e sentirem os resultados.

Receber dicas e conselhos

"Meu amigo está sempre dizendo o que devo fazer na minha vida. O que devo fazer para ele parar com isso?"

Limites possíveis

1. Encontre e partilhe menos com ele. Seu amigo reagirá ao que você diz.
2. Diga, "por favor, só me escute. Eu não quero conselhos nem dicas, só quero desabafar".

Lidar com um amigo carente

"Meu amigo constantemente quer que eu faça coisas junto com ele e isso é exasperador".

Limites possíveis

1. Pare de concordar com esses programas que só o aborrecem.
2. Imponha uma distância saudável na amizade, com tempo partilhado e outro separado.
3. Decida o que gosta de fazer com esse amigo e se atenha a isso.

VOCÊ NÃO É TERAPEUTA, É APENAS UM AMIGO

Infelizmente, nas amizades existe frequentemente a expectativa de que podemos falar sobre todas as coisas, mas isso pode causar uma decepção porque ninguém é especialista em todos os assuntos. Na realidade, os conselhos dos amigos são 100% baseados em suas próprias experiências.

Em alguns casos, vale a pena dizer às pessoas o que você faria se estivesse na mesma situação. Mas quando um amigo fica ruminando ou empacado com uma questão, é melhor aconselhá-lo a procurar um especialista.

Algumas situações em que você deve dizer para a pessoa buscar um terapeuta:

- Seu amigo está empacado com uma questão e não para de falar nisso.
- Seu amigo fala sempre de um trauma não resolvido.
- Seu amigo está tendo um pesar prolongado.
- Seu amigo é um perigo para si mesmo ou para os outros.
- Você nota que ele tem sintomas de depressão, ansiedade ou outros problemas de saúde mental.
- Seu amigo fica falando sobre o relacionamento dele e você não tem condições de ajudar.

Quando as pessoas precisam de terapia, mas recorrem a você, faça o seguinte:

- Lembre-se de que você é um amigo, não um terapeuta em seus relacionamentos.
- Dê dicas de pontos de partida, como livros ou o contato de terapeutas ou grupos de apoio.
- Após essas dicas, estabeleça limites em relação à medida e à frequência com que as pessoas desabafam com você.
- Deixe claro que você tentou ajudar da melhor maneira possível.
- Estimule-as a buscar ajuda salientando que você não tem o devido preparo para apoiá-las adequadamente.
- Pergunte se elas foram atrás das dicas sugeridas. Se seu amigo precisa de terapia, de um mecânico, de um enfermeiro etc., não é você que pode ajudá-las.

Se seu amigo precisa de terapia, de um mecânico, de um enfermeiro etc., não é você que pode ajudá-las. Deixe a perícia com os peritos.

ENREDAMENTO NÃO O TORNA UM BOM AMIGO

No ensino médio, ganhei o livro *The Value in the Valley*, de Iyanla Vanzant. No capítulo intitulado "The Valley of O.P.P." (O Vale dos Problemas Alheios), Vanzant observa:

> *Nós não devemos coisa alguma a ninguém nesta vida. Somos imputáveis para alguns, responsáveis por outros, mas jamais temos a obrigação de carregar nos ombros o peso da vida alheia.*

Ler isso no ensino médio foi muito útil, mas na faculdade, quando comecei a tomar a devida distância dos problemas alheios, a sensação foi de me livrar de um peso enorme.

Durante anos, também achava que ser uma "boa amiga" significava lidar com os problemas dos amigos como se fossem meus. É importante perceber que os problemas deles não são seus. Enredar-se totalmente nos problemas alheios não é um indicador do quanto você os ama, mas sim da sua falta de limites saudáveis.

Você pode ser solidário sem se enredar nos sentimentos, soluções e resultados alheios. A coisa mais carinhosa que você pode fazer é escutar. A coisa mais empoderadora que você pode fazer é deixar que as pessoas resolvam os próprios problemas. Quando você ficar ruminando sobre os problemas alheios, pare e lembre-se de que eles não são seus. Ligue-se em seus sentimentos e pare de ficar empacado com os problemas alheios. O enredamento nos desvia das maneiras reais de ajudar e ser solidários com os outros. Você nunca ajuda alguém só se preocupando e pensando sem parar nos problemas dessa pessoa.

LIDANDO COM VIOLADORES CRÔNICOS DE LIMITES

Conforme já disse, as pessoas farão o que você permitir e continuarão fazendo isso inúmeras vezes, a menos que você dê um basta.

É verdade que não dá para controlar o que as pessoas fazem com você, mas você pode gerir sua reação e o que tolera.

Para ser saudável você terá de:

- Eliminar as pessoas tóxicas de sua vida.
- Diminuir a frequência de suas interações com pessoas nocivas.
- Fazer coisas sozinho, ao invés de se cercar de pessoas nocivas.
- Fazer escolhas difíceis em termos de como despende seu tempo.
- Tentar algo diferente porque a mesma abordagem gera os mesmos resultados.
- Esclarecer suas expectativas no início de uma nova amizade.
- Formar novos relacionamentos com pessoas saudáveis.
- Reiterar seus limites mais de uma vez ou desistir de pessoas incapazes de respeitá-los.

Às vezes, é preciso terminar relacionamentos doentios porque a outra pessoa se recusa a aceitar nossos limites. Nunca é fácil sair de um relacionamento, mesmo que seja nocivo ou tenha deixado de ser compatível com o que somos. Muitas vezes, ficamos empacados em relacionamentos porque imaginamos que a amizade voltará a ser como antes. Mas se nós mudamos, o relacionamento pode não ser mais adequado para a pessoa que nos tornamos.

É difícil determinar o melhor momento para terminar um relacionamento e, na verdade, não há um momento "ideal". Obviamente, há momentos impensáveis para fazer isso, como logo após uma tragédia, mas não fique esperando o momento perfeito.

O que pode acontecer antes de você sair de um relacionamento doentio:

- Talvez seja preciso que você pare de tentar achar maneiras de consertar algo que não tem conserto.
- Talvez seja preciso que você não aguente mais falar com seus amigos sobre os mesmos problemas.

- Talvez seja preciso que você não suporte mais desrespeitar os próprios valores.
- Talvez seja preciso que você peça o que quer, observe o que acontece a seguir e note que as mudanças foram fugazes.
- Talvez seja preciso que você descubra que consegue viver sem essa pessoa.
- Talvez seja preciso que você perceba que as coisas ruins superam as boas.
- Talvez seja preciso que você seja sincero consigo mesmo sobre o quanto o relacionamento está prejudicando seu bem-estar.

Amizades terminam das seguintes maneiras:

1. Repentinamente, ou seja, uma das pessoas some sem explicação, não atende aos telefonemas e ignora todas as tentativas de contato da outra parte. Algumas pessoas preferem essa forma de comunicação passiva, caso haja probabilidade de que a outra pessoa aceite o fim da amizade sem criar confronto.
2. Uma das pessoas não se recupera totalmente de um golpe duro, mas mantém a amizade para não ficar sem apoio na vida. Basicamente, isso é um tipo de término, embora haja algumas interações de vez em quando.
3. Deixar que as coisas esfriem naturalmente. Muita gente prefere esse método porque não é preciso dizer nem fazer coisa alguma. Trata-se de um acordo amistoso para ambas as pessoas se manterem distantes.
4. Ter uma conversa para expor as frustrações e verbalizar abertamente que o relacionamento acabou.
5. Você sabe quais amigos podem ou não tolerar esse tipo de término. Escolha o método que for melhor para você e a outra pessoa.

Exercício

Pegue seu caderno ou uma folha de papel para fazer o exercício a seguir.

- Descreva sua ideia de amizade saudável.
- Identifique com quem você tem amizades saudáveis.
- Anote quais são suas amizades doentias e o que as torna nocivas.
- Determine o que precisa ser dito ou feito para melhorar a amizade.

13

TRABALHO
As pessoas tratam você conforme seus limites.

Janine adorava o que fazia, mas detestava o ambiente de trabalho. Sammie, uma de suas colegas de trabalho, ia à sua baia diariamente para fofocar sobre todo mundo no escritório. Embora não gostasse, às vezes Janine entrava no jogo para não parecer rude.

Sammie então passou a convidar Janine para saírem juntas após o trabalho, mas ela não queria ir e dava alguma desculpa como "hoje não dá, pois já tenho outro compromisso".

Mas, como Janine não dava um basta claramente nas fofocas e nos convites, Sammie continuava insistindo.

Janine queria se livrar de Sammie, mas achava que seria maldade dizer alguma coisa. Sammie fazia ela perder tempo no escritório e ter que levar trabalho para casa. Além dos problemas com Sammie, Janine sempre ajudava os outros colegas de trabalho e assumia mais projetos de seu chefe. Ela achava o ambiente de trabalho tóxico porque estava sempre sobrecarregada e irritada com as fofocas.

Após doze anos nessa firma, Janine achou que a única solução era procurar outro emprego. Mas antes de sair de um emprego ou de um relacionamento, é sempre importante se questionar antes:

"Eu tentei impor alguns limites?"
"De que maneira contribuo para essa situação intolerável?"
"O que eu posso fazer para tornar essa situação mais saudável?"

Ao invés de usar seu poder para impor limites no trabalho, Janine achou que mudar de emprego atenuaria seus problemas, mas seus limites doentios continuariam em qualquer lugar. O recomeço necessário era consigo mesma.

ESTABELEÇA LIMITES NO TRABALHO

No trabalho, assim como em outras áreas na vida, não é realista esperar que as situações melhorem magicamente, também é inútil pular de uma circunstância nociva para outra. Afinal, você não consegue superar sua incapacidade de impor limites. Portanto, Janine precisaria impor limites em qualquer local de trabalho, caso contrário teria problemas semelhantes ou até piores.

Janine tinha uma profunda necessidade de ser apreciada – não só por certas pessoas, mas por todo mundo. E fazia qualquer coisa para manter-se nas boas graças dos outros. Mesmo que isso significasse falsidade, ela tolerava o desconforto. Como tenta agradar a todos, ela temia estabelecer limites.

Ela não queria ser agressiva dizendo "saia da minha mesa" ou "não vou mais ajudá-lo". E, de fato, essas são maneiras agressivas de impor limites. Mas ela poderia ser assertiva dizendo apenas:

> "Vamos conversar na hora do almoço. Agora preciso adiantar alguns projetos".
>
> "Estou com a agenda cheia, então não posso ajudá-lo em seu projeto".

Na terapia, Janine e eu examinamos tudo que lhe causava frustração e ressentimento no trabalho. Então, fizemos a seguinte lista:

Limites para Janine

1. Dizer não a pedidos de ajuda dos colegas de trabalho.
2. Parar de participar nas fofocas no escritório.
3. Quando alguém começar a fofocar, deixar claro o seu desinteresse.

4. Dizer não a convites para saídas indesejadas após o trabalho.
5. Antes de concordar em assumir novos projetos do chefe, deixar outros colegas trabalharem neles quando possível e/ou delegar as tarefas.

Janine acabou percebendo que seu ambiente de trabalho não era tóxico e que, simplesmente, não havia estabelecido os limites adequados.

PROBLEMAS COTIDIANOS COM LIMITES NO TRABALHO

A versão norte-americana de *The Office* é uma das minhas séries de TV favoritas. Comecei a assistir a essa série na época do mestrado, quando estava tomando mais consciência do conceito de limites.

Na série, Michael Scott é o chefe egocêntrico e preconceituoso de uma pequena empresa de papel. Embora se preocupe com o bem-estar de toda a equipe, seus limites são tão nocivos que os funcionários sempre tentam lhe apontar como deveria se comportar na empresa. Michael não tem a menor noção das necessidades alheias e do quanto sua conduta impacta os outros.

Em um dos meus episódios favoritos, "Dia da Diversidade", o Departamento de Recursos Humanos dá um treinamento a Michael sobre a etiqueta apropriada no local de trabalho. Como sempre, Michael deturpa o treinamento imitando o comediante politicamente incorreto Chris Rock e faz um jogo ofensivo de associação de palavras com termos raciais, personalidades históricas negras e religiões. O elemento cômico do episódio é que Michael não tem a menor ideia do quanto seu comportamento é condenável e de que está ultrapassando os limites. E não é isso que geralmente acontece? A pessoa que viola limites não imagina o quanto desrespeita os outros.

Problemas com limites no trabalho se configuram assim:

• Fazer trabalhos para os outros.

- Os outros querem que você conte seus problemas pessoais.
- Assumir mais coisas além do que é razoável.
- Não delegar.
- Flertar.
- Trabalhar sem remuneração.
- Não aproveitar os dias de férias.
- Aceitar tarefas que você não pode fazer a contento.
- Envolver-se em interações estressantes.
- Trabalhar nas horas de folga.
- Fazer tarefas que demandariam mais de uma pessoa.
- Não relaxar nunca do trabalho.

Obviamente, algumas pessoas sabem quando violam os limites alheios, mas a maioria não tem noção. Limites não são mera questão de bom-senso e precisam ser ensinados. No local de trabalho, eles são transmitidos pelo departamento de RH, pela cultura da empresa e pelos chefes. Mas, quando as pessoas temem perder os empregos, é difícil impor limites.

Limites não são mera questão de bom-senso e precisam ser ensinados.

Em 2017, mulheres começaram a denunciar as agressões sexuais cometidas pelo poderoso produtor cinematográfico Harvey Weinstein. Ele abusou, no mínimo, de 80 mulheres, que mantiveram silêncio por muitos anos com medo de serem malvistas ou terem suas carreiras prejudicadas em Hollywood. Graças a seu poder e influência, ele cometeu crimes no ambiente de trabalho durante muito tempo, negou todas as acusações, até finalmente ser preso.

Segundo o artigo "Harvey Weinstein Paid Off Sexual Harassment Accusers for Decades" no *New York Times*, ele criou um ambiente tóxico de trabalho no qual assediou, estuprou e intimidou mulheres durante três décadas. Seu comportamento hediondo era tolerado em virtude da cultura machista reinante, que minimizava tudo chamando-o de "velho dinossauro".

Mesmo que sejam desrespeitados por causa "da cultura vigente", seus limites são absolutamente relevantes e vitais. Portanto, caso sejam violados, você precisa denunciar isso na empresa, buscar o apoio de alguma entidade externa ou consultar um advogado. Não vacile achando que vai perder seu emprego se não aderir ao comportamento tóxico no trabalho.

ENFRENTANDO UM AMBIENTE TÓXICO DE TRABALHO

Um ambiente tóxico de trabalho afeta profundamente a sua saúde mental e emocional e a capacidade de funcionar bem em casa e nos relacionamentos pessoais.

Um ambiente tóxico pode incluir:

- Expediente de trabalho excessivamente longo.
- Várias pessoas fofoqueiras.
- Não ser remunerado por trabalho extra.
- "Panelinhas" formadas por alguns colegas de trabalho.
- Ser obrigado a aceitar mais trabalho com prazo urgente.
- Comunicação negativa entre pares ou superiores.
- Um chefe narcisista.
- Ser intimidado.
- Ser assediado sexualmente.
- Ser maltratado em razão da raça, capacidade física ou orientação sexual.

Um ambiente tóxico de trabalho não tem limites saudáveis, mas caso ache que a situação pode ser corrigida, tente impor alguns limites. Então, seja consistente para ver se as mudanças se manterão em longo prazo.

É também importante lembrar-se de que você não tem de aderir à toxicidade. Caso seu ambiente de trabalho seja tóxico, tente o seguinte:

1. Pondere sobre os limites que podem ser mais úteis.
2. Identifique as pessoas saudáveis no ambiente tóxico.
3. Registre o tempo todo seus problemas, anotando datas e horários.
4. Caso seu chefe não tenha a ver com o problema, fale com ele.
5. Exponha suas necessidades em reuniões, para os superiores e para os colegas de trabalho.
6. Fale com o Departamento de Recursos Humanos sobre a cultura da empresa.
7. Procure apoio externo, a exemplo de uma terapia, para gerir o estresse relacionado ao trabalho.

O *BURNOUT* E O IMPACTO SOBRE O EQUILÍBRIO ENTRE TRABALHO E VIDA PESSOAL

O *burnout* é uma reação a limites doentios. Muitos clientes meus relatam problemas para achar um equilíbrio entre o trabalho e a vida pessoal. Há 14 anos, observo gente que faz o trabalho que caberia a duas pessoas, continua trabalhando após o final do expediente, à noite e aos fins de semana, abre mão das férias e se oferece para projetos mesmo sem ter tempo somente para ser um "bom funcionário".

Eu sempre faço a advertência: "Quanto mais você parece dar conta, mais trabalho vão lhe passar".

Uma das coisas que mais ouço é, "eu imagino o quanto você está esgotada por escutar as pessoas falarem o dia inteiro sobre problemas". Quando digo às pessoas, especialmente a outros terapeutas, "*não* estou esgotada por trabalhar como terapeuta", elas se surpreendem. É inacreditável que uma pessoa que fala o tempo todo sobre limites possa ter alguns limites decentes?

Aqui está uma lista de coisas que faço para diminuir a possibilidade de ter um burnout:

- Atendo no máximo 15 a 20 clientes por semana.

- Três dias por semana recebo os clientes e reservo dois dias para escrever ou trabalhar em outros projetos.
- Só aceito clientes na minha especialidade (problemas de relacionamento).
- Antes de aceitar novos clientes, eu converso com eles para verificar se nossas energias estão alinhadas.
- Exponho os limites sobre como os clientes podem entrar em contato comigo fora do horário do expediente.
- Nos dias em que atendo aos clientes, administro bem minha energia, o que inclui evitar conversas potencialmente exaustivas fora do trabalho.
- Antes da primeira sessão, passo alguns minutos em silêncio pensando no dia que terei e estabelecendo o tom adequado.
- Reconheço que não sou obrigada a atuar como terapeuta fora do expediente, então não oriento as pessoas o tempo todo.
- Vou a uma terapeuta para processar os problemas assim que surgem em minha vida.
- Tiro várias férias ao longo do ano.

Aqui estão outras maneiras de evitar o burnout*:*

- Não deixe de aproveitar um só dia das férias, pois elas são uma oportunidade para recarregar as baterias e se recompor. Aproveite se seu empregador oferecer férias remuneradas. Caso contrário, poupe-se na medida do possível e reserve algum tempo para relaxar. Sair do local de trabalho é um bom meio de restaurar sua energia.
- Arranje tempo para si mesmo fora do trabalho. Descubra um passatempo relaxante e pratique-o regularmente.
- Fique longe da sua mesa na pausa para almoço ou não trabalhe se tiver que continuar por ali. Aproveite esse tempo para meditar, assistir a um episódio de *The Office*, sair para caminhar ou almoçar com um colega de trabalho e conversar sobre outros assuntos.
- Priorize tempo para si mesmo antes ou após o trabalho. Antes de começar o expediente, reserve alguns minutos para

relaxar meditando, lendo alguma coisa animadora ou assistindo a algum vídeo motivacional. Reservar alguns momentos antes, ao longo do dia ou após o trabalho, pois isso ajuda a centrar seus pensamentos, baixar a pressão arterial e a ter mais equilíbrio.

Como estabelecer limites no trabalho

1. Sintonize-se com seus sentimentos e identifique as áreas que requerem limites. Por que você está ficando no trabalho além do expediente? Em seu cargo, o que faz você se sentir sobrecarregado ou exaurido? Um dos meus primeiros empregos após concluir a faculdade foi como oficial de liberdade condicional de menores infratores. Assistentes sociais notoriamente têm uma taxa alta de *burnout*, e nesse lugar não era diferente. Com um grande número de processos em andamento, crises diárias e alta demanda, o sistema de justiça penal era um ambiente que requeria limites. Sabendo que o trabalho era imprevisível, eu era proativa e adiantava tudo o que podia, como planos de tratamento e relatórios para os tribunais, o que me poupava de muita frustração quando surgia uma crise em cima da hora. Aprendi a ser organizada porque não aguentava mais a frustração decorrente da minha desorganização. Esse trabalho era em tempo integral, mas eu ainda estava fazendo o mestrado e precisava ir a aulas e a um estágio à noite. Para manter o emprego, tive que estabelecer limites claros para sair do escritório na hora certa.
2. Se for possível, exerça sua função só durante o expediente.
3. Permita-se ter limites no trabalho. Não expor o que você precisa só gerará mágoas em relação a seus colegas de trabalho e o empregador.
4. Decida estabelecer limites, ao invés de deixar os problemas irem longe demais. Comece a impor limites assim que surjam problemas.

5. Ensine aos outros a respeitarem seus limites sendo coerente e respeitando a si mesmo. Ao expor suas expectativas, seja claro e direto.

Limites no trabalho se afiguram assim:

- "Não posso assumir nenhum projeto a mais".
- "Não posso trabalhar após as 5 horas da tarde".
- "Não verifico e-mails do trabalho quando estou de férias".
- "Preciso de mais ajuda com a minha carga de trabalho".
- "Não falo sobre assuntos pessoais no trabalho, pois isso me incomoda".
- "Se você quiser conversar, vamos almoçar juntos para que eu possa me concentrar na conversa".
- "Obrigada por me convidar para sair com você neste fim de semana, mas não vai dar".
- "Eu não quero tomar drinques após o trabalho, mas que tal irmos a uma aula de yoga?"
- "Não estou disponível para ajudá-lo após o expediente, pois preciso reservar tempo para a minha família".
- No trabalho, é correto explicar por que você recusou alguma coisa. Diga algo como "eu não vou conseguir ajudá-la nisso porque já estou ajudando ____ no projeto dele".

Limites no escritório incluem:

- Tente *não* almoçar em sua mesa, mas se for inviável, não trabalhe e almoce ao mesmo tempo.
- Seja direto para encerrar conversas que o desconcentrem.
- Chegue pontualmente ao trabalho.
- Vá embora na hora estipulada.
- Evite distrações como mensagens de texto e telefonemas para a família e os amigos durante o expediente, pois isso atrasa seu trabalho.
- Tire uma soneca na pausa para o almoço; estudos mostram que sonecas melhoram o foco e a disposição.
- Feche a porta da sua sala para evitar distrações.

- Descubra estratégias para evitar levar trabalho para casa.

Como estabelecer limites longe do escritório

- Use todos os seus dias de férias. Segundo a U.S. Travel Association, em 2018, os trabalhadores norte-americano deixaram de usar 768 milhões de dias de férias remuneradas – um aumento de 9% em relação a 2017.
- Não verifique e-mails do trabalho nos fins de semana.
- Não vá ao escritório nos fins de semana.
- Não trabalhe nas férias, a menos que haja uma emergência. Peça para alguém lhe dar cobertura e delegue tudo que puder durante sua ausência.
- Descubra passatempos e atividades que não tenham ligação com o trabalho.
- Se seu cargo é estressante, evite falar sobre isso com os outros e só se abra com seu terapeuta. Ruminar sobre todas as coisas que você detesta não vai melhorar seu ânimo.
- Não ofereça seus serviços profissionais de graça para as pessoas próximas. Se você for contador, por exemplo, indique outro colega para seus amigos e parentes.
- Prepare um e-mail e uma mensagem de áudio comunicando que você está de férias. Direcione quem ligar para outra pessoa no trabalho, a fim de diminuir o número de problemas com que terá de lidar na sua volta.
- Delegue tarefas secundárias para outras pessoas. Lembre-se que CEOs geralmente não atendem seus celulares e médicos não preparam as salas para as cirurgias.
- Priorize tarefas em ordem de urgência e prazo final. Nem tudo no trabalho tem o mesmo nível de importância.
- Diminua distrações, como conversar com os colegas de trabalho, que o desconcentrem.
- Sempre que precisar, peça ajuda.
- Informe seu empregador quando sua carga de trabalho estiver demasiado pesada.

Limites para empreendedores

- Cobre seu preço integral.
- Só ofereça pequenos descontos.
- Não trabalhe o tempo todo. Faça pausas. Pare. Como empreendedora, eu sei que você tem trabalhado muito, mas, como não tem patrão, defina seus limites.
- Não adote bordões que enaltecem trabalhar em um ritmo insano, como "dê o melhor de si e coloque tudo na linha de risco", "posso ficar moído, mas não deixo a peteca cair" e "no futuro vou poder descansar".

COMO COMUNICAR LIMITES AO SEU CHEFE

As pessoas avaliam a própria capacidade de desempenho com base no que acham razoável para seu papel, nas necessidades da empresa onde trabalham e, às vezes, no que seu chefe parece capaz de fazer. Por exemplo, se um chefe trabalha à noite e nas férias, talvez ele espere isso da sua parte. Fazer algo diferente pode ser malvisto.

Nesse caso, cabe a você pleitear expectativas razoáveis e opor-se a exigências baseadas na falta de limites do seu chefe. Obviamente, você nunca diria "você é irracional e tem limites doentios", mas pode dizer, "preciso recarregar as baterias fora daqui, a fim de render mais no trabalho. Na medida do possível, gostaria de restringir meu trabalho aos seguintes períodos de tempo".

Ao comunicar suas necessidades ao chefe, use frases com "eu" para marcar bem sua posição.

Não diga isso:

"Você sempre me dá mais coisas para fazer, mesmo sabendo que minha agenda está lotada". Se ouvir isso, seu chefe pode se sentir atacado e menos propenso a levar seu pedido em consideração.

É melhor dizer isso:

"Eu trabalho melhor com prazos determinados. À medida que você me dá uma incumbência, eu priorizo seu pedido, mas me avise se alguma coisa for urgente".

Caso seu chefe se recuse a adotar limites saudáveis, envolva outros colegas na situação. Caso o problema não possa ser resolvido com seu chefe, recorra ao Departamento de Recursos Humanos.

DIZER NÃO A CONVITES SOCIAIS E CONTATOS FORA DO ESCRITÓRIO

Em geral, o trabalho consome de 35 a 40 horas por semana. Então, é possível construir algumas ligações saudáveis no local de trabalho e, por fim, algumas amizades. Mas e se você não quiser sair após o trabalho ou almoçar com seu chefe ou com os colegas de trabalho?

Estabelecer limites se configura assim:

- Não sair com certos colegas de trabalho após o expediente.
- Não oferecer ajuda para coisas pessoais do seu chefe.
- Restrinja o acesso dos colegas de trabalho que o seguem nas redes sociais.
- Bloqueie um colega de trabalho cujo conteúdo não o agrada.
- Não dê a colegas de trabalho seu nome de usuário nas redes sociais.

Exemplos de como recusar convites

"Obrigado por me convidar para sua festa, mas não poderei ir".
"Seu convite para o almoço é muito gentil, mas eu gostaria de almoçar sozinha".
"Após o trabalho, só quero ir para casa e relaxar".
"Que tal trocarmos os números de telefone, ao invés dos nomes de usuário nas redes sociais?"
"Sou muito caseira, então não estou interessada".

SUPERANDO O MEDO DA PERFEIÇÃO

Não existe funcionário perfeito, mas você pode ter limites éticos e ainda ser um bom funcionário, colega de trabalho ou empreendedor. Em todo local de trabalho alguém é valorizado pelos outros porque tem pelo menos um limite. Nesse caso, copie o que você vê.

Caso seu chefe não tenha noção de limites, você não é obrigado a imitar esse mau exemplo. Seja bem claro sobre os seus e, se eles forem desrespeitados, pronuncie-se imediatamente.

É verdade que estabelecer limites, às vezes, aborrece os outros. Considere isso: as pessoas passam a maior parte do tempo no trabalho, e seu tempo é valioso. Portanto, sentir-se à vontade no trabalho é fundamental para o seu bem-estar.

Exercício

Pegue seu caderno ou uma folha de papel para fazer o exercício a seguir.

- Que limite pode ser estabelecido em qualquer ambiente de trabalho?
- Qual é seu cronograma de trabalho?
- Em que situações você se dispõe a trabalhar além do expediente?
- Considerando o que sabe sobre seu chefe, qual é a melhor maneira de impor limites para ele?
- É necessário impor algum limite para seus colegas de trabalho?
- Quais seriam as vantagens de estabelecer limites no trabalho?

14

REDES SOCIAIS E TECNOLOGIA
Autodisciplina é o ato de criar autolimites.

Lacey, a namorada de Tiffany, não desgrudava do celular onde quer que fosse e passava até uma hora com ele no banheiro. Sempre que Tiffany lhe perguntava o que estava fazendo, Lacey respondia, "estou usando o banheiro!".

Tiffany estava convencida de que essa compulsão de Lacey estava impedindo a conexão mútua. Como eram estudantes em tempo integral e não moravam juntas, seu tempo de convívio era limitado e, para piorar, Lacey passava grande parte do tempo ligada na telinha do celular. Até quando elas saíam com amigos, Lacey verificava constantemente seu celular.

Em nossas sessões de terapia, Tiffany descreveu seu relacionamento com Lacey como estressante. Ela amava a namorada, mas detestava ver Lacey sempre com um ar meio ausente. No entanto, elas nunca haviam falado diretamente sobre o uso excessivo do celular. Tiffany supunha que Lacey sabia o que estava fazendo, mas, conforme conversamos, achei que Lacey talvez não percebesse que seu comportamento era incômodo.

Então, disse a Tiffany como poderia abordar diretamente a questão. Inicialmente, seria melhor ela fazer pedidos como "enquanto estivermos vendo o filme, gostaria que você largasse o celular" ou "largue o celular para ficarmos de mãos dadas". Assim que pediu, Tiffany ficou surpresa por Lacey concordar facilmente.

Lacey provavelmente não tinha noção de que seu apego ao celular afetava o namoro. Ela simplesmente se distraía nos momentos maçantes.

Muita gente reclama que a tecnologia atrapalha os relacionamentos. Ao longo deste capítulo, usarei o termo "tecnologia" para descrever o tempo despendido on-line, nas redes sociais, vendo TV ou com videogames.

Obviamente, a tecnologia não é inerentemente nociva, mas, às vezes, as pessoas a utilizam de maneira excessiva ou prejudicial ou como um escape ou distração. Quando estamos incomodados, tornou-se comum buscar distração nos dispositivos eletrônicos.

Também tive que aprender a gerir o tempo que gasto com tecnologia. Em junho de 2019, fui citada em um artigo no *New York Times* intitulado "Instagram Therapists Are the New Instagram Poets". A partir daí, minha popularidade no Instagram aumentou vertiginosamente.

Tudo começou em 2017, quando comecei a postar conteúdos sobre bem-estar emocional e mental, destacando os benefícios da terapia e abordando problemas de relacionamento. De janeiro de 2019 até julho de 2019, meu número de seguidores disparou de 2 mil para 100 mil. A coisa mais estranha em relação ao meu crescimento nas redes sociais foi que eu mal as utilizava em caráter pessoal ou profissional antes de 2017. Estive no Facebook de 2009 até 2010 e tinha uma conta pessoal no Instagram, mas raramente postava e seguia apenas poucos perfis. Até abrir um perfil profissional no Instagram, @nedratawwab, eu não entrava diariamente nas redes sociais.

Durante muitos anos, tinha prazer em ficar longe das redes sociais, pois isso trazia muitas vantagens. Uma delas era me divertir quando as pessoas me contavam suas versões do que estava acontecendo no mundo, com base nas redes sociais. Eu também ficava livre do incômodo resultante de seguir certos amigos, colegas de trabalho e parentes. Mesmo agora que frequento regularmente as redes sociais, me atenho ao que quero. Por exemplo, se estiver tentando poupar dinheiro, não vou seguir influenciadoras de moda que me incitam a comprar. Se estiver interessada em refeições veganas, vou seguir alguns desses perfis.

Passar de frequentadora esporádica das redes sociais para influenciadora tem sido uma jornada e tanto. Apesar dos aspectos positivos, há também desvantagens, como ter que administrar o tempo de uso e as expectativas da minha comunidade, além de receber comentários negativos.

Ao postar nas redes sociais, tenha em mente que:

- Você sempre irá contrariar as opiniões de algumas pessoas.
- As pessoas ficam muito mais ríspidas quando acham que você não reagirá.
- Algumas pessoas gostam de debater.
- Se reagir a elas, você concorda em participar na discussão.
- O que as pessoas dizem a seu respeito têm a ver com elas, não com você.
- Você não pode agradar a todos porque cada um tem necessidades diferentes.
- Explicar-se repetidamente não significa que as pessoas finalmente o entenderão.
- Às vezes, será preciso bloquear certas pessoas.
- Cabe a você proteger sua energia.
- Algumas pessoas se acham no direito de tomar seu tempo, mas é você que tem de administrá-lo.

Como estamos em uma era digital, a tecnologia é onipresente na vida cotidiana, mas devemos ter uma relação saudável com ela.

Alguns sinais de que você precisa de limites na utilização do celular e de outros dispositivos eletrônicos:

- Você verifica constantemente seu celular mesmo quando deveria se concentrar em outra coisa.
- Você passa tempo demais absorto no celular. Uma pessoa comum passa cerca de três horas por dia no celular.

- Em situações sociais, você fica absurto no celular, ao invés de socializar.
- Você usa regularmente seu celular como um escape do trabalho, da parentalidade, das tarefas pendentes ou de estar presente para os outros.
- As pessoas têm reclamado do seu uso compulsivo de dispositivos eletrônicos.
- Você usa o celular enquanto dirige.
- Seu uso exagerado de tecnologia impacta sua capacidade de funcionar bem em outras áreas, como na escola, no trabalho ou em casa.
- Seu uso exagerado de tecnologia prejudica sua saúde mental e emocional.

COMO GERIR A SOBRECARGA DE INFORMAÇÕES NA ERA DIGITAL

Como terapeuta, ouço frequentemente as pessoas falarem sobre as desvantagens das redes sociais: elas se sentem excluídas, se comparam com os outros e há pressão para fingir. Eu estava preocupada com a possibilidade de ser afetada pelas redes sociais e também de contribuir de uma maneira que fizesse os outros se sentirem inferiores ou terem inveja, mas aprendi que é impossível controlar as reações ao que compartilhamos.

Naturalmente, como terapeuta, posto com uma intenção determinada e tento considerar como minhas postagens podem ser entendidas. No entanto, alguém em algum lugar sempre interpretará erroneamente minhas mensagens. Aprendi que a interpretação alheia tem pouco a ver comigo e tudo a ver com o que está acontecendo na vida dos outros.

Em grande parte, o consumo digital é passível de controle. Quando não gostamos do que vemos, temos a escolha de continuar vendo ou procurar outro conteúdo. Ao continuar seguindo algo que nos incomoda, concordamos em ser perturbados.

Gerenciando a enxurrada de notícias ruins na TV e na internet

Você é quem você segue, o que assiste e os sites que vista. Você tem o poder de escolher a sua experiência de usuário. Quando algo impactante acontece no mundo, é sua escolha se abster das notícias que sugam sua energia. Se estar sempre bem informado faz mal para sua sanidade, diminua por algum tempo seu consumo digital.

> *Sugestões de limites para gerir sua exposição a notícias ruins*
>
> - Desligue os alertas de notícias em seu celular.
> - Reserve uma hora específica no dia para ver ou ouvir intencionalmente os noticiários.
> - Pare de seguir pessoas que postam constantemente sobre tragédias ou assuntos que pioram seu humor.
> - Diga educadamente às pessoas que não quer ouvir a respeito de certas notícias.
> - Quando há acontecimentos impactantes, é correto ficar temporariamente longe da internet, da TV e das redes sociais.
> - Procure algo mais leve no seu serviço de *streaming* ou comece a ver uma nova série de TV.

Em última instância, às vezes, faz bem permanecer desinformado, não ver todos os memes e não saber todos os detalhes do que aconteceu. Afastar-se pode despertar o medo de ficar por fora (FOMO), mas pode ser útil para ficar atento a outras coisas relevantes. Assim que se sentir melhor ou quando as notícias terríveis perderem espaço, fique à vontade para voltar ao ambiente digital.

SEGUINDO AMIGOS, A FAMÍLIA E COLEGAS DE TRABALHO

Seguir pessoas nas redes sociais facilita muito manter-se em contato, e é comum as pessoas passarem seus nomes de usuário no

Instagram, ao invés dos números de telefone. Mas após começar a seguir alguém, como é possível parar? Quanto mais pessoas você segue, mais fica sabendo como elas são e como querem se mostrar para os outros. Se você gosta do que elas representam, é maravilhoso acompanhá-las. Mas quando você descobre que sua colega de trabalho favorita tem o pior relacionamento *imaginável* com o namorado e salienta isso nas postagens, é difícil esquecer e talvez fosse até melhor não saber. Além disso, é complicado parar de seguir alguém que você vê com frequência na vida real.

Reclamações comuns

"Eu detesto seguir minha amiga porque ela finge ser o que não é".
"Minha irmã posta fotos demais das crianças".
"Estou chocado com o comentário político do meu chefe, mas tenho medo de parar de segui-lo".

Solução

Nas redes sociais, as pessoas apresentam as versões de si mesmas que quiserem, mas você pode escolher se quer segui-las. Caso não se sinta à vontade para parar de seguir alguém, esconda o perfil delas ou desabilite as notificações.

Sugestões de limites no envolvimento com pessoas conhecidas

- Crie uma conta privada para dificultar que as pessoas o sigam.
- Siga pessoas, mas oculte o conteúdo delas se não ficar à vontade para excluí-las ou bloqueá-las.
- Opte por dar e receber números de telefone, ao invés de nomes de usuário nas redes sociais.
- Siga pessoas cujo conteúdo você aprecia.

Como usuária ativa das redes sociais, fiz uma lista de limites que posto regularmente e mantenho nos destaques da minha página no Instagram. Não estou sugerindo que todo mundo anuncie seus limites por escrito, mas pense nisso se usar as redes sociais para finalidades profissionais, se for um influenciador ou se receber muitos pedidos. Expor abertamente seus limites passa instruções para sua comunidade.

Meus limites no Instagram

1. Sou terapeuta, mas *não* ofereço terapia em mensagens diretas. Não dou opiniões pessoais sobre decisões importantes como "devo largar meu namorado?". Cabe à pessoa decidir a atitude que deseja tomar. Eu não comento se suas decisões foram certas ou erradas.
2. Eu crio muitos conteúdos e aprecio pedidos de postagens específicas. No entanto, eu crio movida pela inspiração, pelas necessidades da minha comunidade e por minha expertise.
3. Recebo muitos pedidos para indicar terapeutas, mas não conheço terapeutas em todas as cidades, estados e países. Pesquise no Google ou peça indicações em sua área à sua seguradora, ao Programa de Assistência aos Funcionários ou a um centro de apoio comunitário.
4. Fique à vontade para reproduzir meus conteúdos, mas *sempre* dê o devido crédito.
5. Eu respeito a mim mesma e minha comunidade apagando comentários e bloqueando pessoas que são preconceituosas, malévolas e degradantes.
6. Meus clientes *podem* me seguir, mas por uma questão ética, eu não posso segui-los nem responder às suas mensagens privadas.
7. Caso queira enviar perguntas, por favor, faça isso às segundas-feiras durante minha Q&A (sessão de perguntas e respostas).
8. Tenha em mente que sou humana e não consigo responder a cada comentário ou mensagem direta, mas tento ler o máximo dentro do possível.

9. Se você estiver tendo uma crise de saúde mental, ligue para o serviço de emergência ou procure um terapeuta.

Apesar de eu ter deixado meus limites bem claros, as pessoas tentam testá-los. Cabe a mim defender esses limites com firmeza.

PROBLEMAS COMUNS DE LIMITES COM TECNOLOGIA

Passar tempo demais vendo televisão

Hoje em dia, a TV é onipresente. Você pode ver seu programa favorito no *tablet*, no celular ou na TV em sua casa. Eu prefiro ver TV no iPad, que acho muito prático. Mas o consumo de televisão se torna um problema quando você deixa de fazer o que é preciso ou quando afeta sua capacidade de se envolver com outras áreas em sua vida.

Por exemplo, se você vê TV até tarde todas as noites, no dia seguinte fica indisposto por não ter dormido o suficiente.

Passar tempo demais nas redes sociais

Segundo um artigo no *Washington Post*, 3.725 bilhões de pessoas usam as redes sociais, ou seja, metade da população mundial. Um adulto comum passa em média 142 minutos por dia nas redes sociais. Um adolescente comum passa cerca de nove horas por dia nas redes sociais. Quanto tempo você perde com isso? Eu sei que quase três horas parece muito, mas quando você considera quantas pessoas circulam passivamente nas redes sociais enquanto esperam um amigo ou estão em alguma fila, os minutos se acumulam. Obviamente, frequentar as redes sociais só vira um problema quando você deixa de fazer o que é necessário.

Por exemplo, vamos supor que você tenha que estar no trabalho às oito da manhã. Você acorda às sete sabendo que leva 15 minutos para chegar lá, mas fica na cama por mais 45 minutos olhando as redes sociais. Em consequência, você chega atrasado. Esse interesse excessivo nas redes sociais está interferindo em sua obrigação de chegar pontualmente ao trabalho.

Como terapeuta, sei que a adequação depende de vários outros fatores na vida. Se você tem filhos pequenos, por exemplo, é difícil passar horas por dia nas redes sociais. No entanto, se você for solteira, passar cinco horas nas redes sociais no sábado, talvez não afete outras áreas na sua vida. No entanto, fico pensando que você poderia aproveitar seu tempo para outras coisas, o que está obtendo com sua permanência constante online e qual é o sentido por trás desse consumo exagerado. Em última instância, *por que* usamos redes sociais é tão importante *quanto a intensidade* do uso.

O livro *Indistractable: How to Control Your Attention and Choose Your Life*, de Nir Eyal, argumenta que as redes sociais e os dispositivos eletrônicos não são o problema. São as pessoas que criam problemas em razão do uso exagerado das redes sociais e da tecnologia. É importante entender a razão por trás dessa utilização desenfreada. Ela é intencional? É um reflexo? É problemática?

LIMITES RECOMENDÁVEIS

Se você não consegue sair da cama sem agarrar o celular

Não durma com seu celular perto da cama.

Deixe o celular no outro extremo do quarto para diminuir a tentação de pegá-lo.

Não deixe o celular no seu quarto.

Ao invés de agarrar logo seu celular, aproveite os primeiros momentos do dia para escrever em seu diário, abraçar seu companheiro ou companheira, alongar-se ou escovar os dentes. Ache outra coisa para fazer.

Se você verifica regularmente o celular

Deixe seu celular fora de alcance. Ligue-o no carregador em outro cômodo. Desligue-o durante algumas horas por dia. Planeje horários para entrar nas redes sociais e abstenha-se delas no restante do tempo.

Se você passa tempo demais nas redes sociais

Controle seu tempo de utilização. iPhones permitem configurar um limite de tempo nas redes sociais e, assim que você atinge seu limite, o celular se desconecta de todos os aplicativos de redes sociais ou indaga se você quer ultrapassar o limite. Em alguns aplicativos, você pode configurar um alerta sobre quanto tempo passou nas redes sociais. Respeite os limites de tempo que definiu para si mesmo.

Se você tem baixa autoestima, se valoriza pouco ou sente inveja ou ressentimento

Em uma enquete nos *stories* do meu Instagram, 33% dos respondentes disseram ter dificuldade para parar de seguir pessoas mesmo quando se aborrecem ou não têm interesse nos conteúdos alheios.

Seja criterioso em termos de quem segue e por que. Mesmo que todos os seus amigos estejam seguindo um influenciador famoso, você pode optar por não seguir essa pessoa se constatar que inveja o estilo de vida dele e se sente pior com o seu. Pare de seguir, bloqueie e silencie pessoas que o incomodam. Sua reação pode indicar algo que requer análise, mas supere o que for preciso e reveja essas páginas virtuais posteriormente.

ADULTOS INCAPAZES DE LARGAR OS DISPOSITIVOS ELETRÔNICOS

Uma amiga me contou que seu filho pequeno perguntou, "você ama mais seu celular do que eu?". Ela ficou magoada, mas ele também estava triste. Dispositivos eletrônicos são como um notebook em nossas mãos. Nós podemos ver TV, escutar *podcasts*, fazer compras, socializar e muito mais. Mas qual é o custo disso?

Você fica fazendo compras de supermercado no celular enquanto as crianças tentam lhe contar como foi o dia delas? Você fica socializando com seus amigos on-line enquanto está jantando com os amigos da vida real? Você precisa de parâmetros.

Perguntas sobre limites

1. Em que situações é inadequado usar o celular?
2. Como você pratica estar inteiramente com os outros?
3. É correto não estar sempre disponível para os outros via celular?

CRIANÇAS USANDO DISPOSITIVOS ELETRÔNICOS

As crianças inevitavelmente usam dispositivos eletrônicos, mas os adultos devem colocar limites sobre como os dispositivos eletrônicos podem e devem ser usados.

Limites possíveis

- Não permita o uso de dispositivos eletrônicos durante as refeições.
- Não permita que as crianças usem dispositivos eletrônicos enquanto fazem as tarefas escolares, a menos que isso seja recomendado pelos professores.
- Não permita o uso de dispositivos eletrônicos a partir de uma certa hora à noite e nos fins de semana.
- Faça pausas para se movimentar durante o tempo de uso dos dispositivos eletrônicos.
- Use aplicativos de controle parental.
- Monitore a utilização das redes sociais.
- Retire as televisões dos quartos das crianças.
- Dê o exemplo de uso adequado dos dispositivos eletrônicos para as crianças.
- Veja programas junto com as crianças e converse sobre o conteúdo apresentado.
- Fale com elas sobre a diferença entre uso apropriado e uso inadequado.

O MEDO DE FICAR POR FORA (FOMO, SIGLA EM INGLÊS)

O FOMO *(Fear of Missing Out)* em português significa "medo de ficar por fora", é algo real. As pessoas dão tamanha importância em estar a par de tudo que passam tempo demais tentando se manter relevantes e ligadas com a galera mais "antenada". Estar sempre no circuito requer dinheiro, tempo e energia. Infelizmente, nas redes sociais, os usuários são constantemente bombardeados com imagens, sons e vídeos de outras pessoas se dando bem e, aparentemente, se divertindo. Raramente os usuários pensam no tempo investido por um influenciador para postar a foto perfeita.

Lala Milan, uma influenciadora com mais de 3 milhões de seguidores no Instagram, comentou que leva seis horas para gravar e editar um vídeo de 60 segundos. Empresas já estão criando sessões fotográficas criativas para pessoas que anseiam ter fotos perfeitas para postar nas redes sociais.

As redes sociais dão atenção às pessoas de maneiras, até então, inimagináveis. A pior coisa é ver seus amigos, antigos amores e colegas de trabalho se divertindo sem você. Sentindo-se excluídas, as pessoas questionam quem são e sua importância para os outros. Se você sente FOMO, pense bem em quem você segue. No caso de seguir pessoas que você não conhece, pense no impacto disso para sua saúde mental. Se você segue pessoas conhecidas, não deixe seu ego atrapalhar e diga que gostaria de ser incluído na próxima aventura. Convide-as para fazer alguma coisa com você, mas perceba também que elas terem uma vida social sem você não significa uma rejeição pessoal.

INFIDELIDADE RESULTANTE DE INTERAÇÕES INADEQUADAS ONLINE

Como metade da população mundial frequenta as redes sociais, isso inclui seus *"crushes"*, antigos amores e novas pessoas querendo ser descobertas. Se você é solteiro, divirta-se. Mas, se estiver em um relacionamento, crie alguns limites para essas interações on-line. Quando os casais não comunicam previamente seus limites, certamente haverá violações aos limites não verbalizados.

Perguntas para casais sobre limites nas redes sociais

- Em seu relacionamento atual é admissível seguir antigos amores ou parceiros sexuais?
- Como vocês devem lidar com mensagens privadas de pessoas que fazem insinuações românticas?
- Vocês devem se seguir nas redes sociais?
- Há quaisquer expectativas sobre postar fotos um do outro?
- É correto falar sobre problemas de relacionamento on-line ou nas redes sociais?
- Qual é a filosofia de vocês em termos de dar *likes* em fotos sensuais?
- Vocês têm contas individuais que seu companheiro ou companheira não segue?

Conversar sobre os limites de cada um evita problemas comuns que podem ameaçar seu relacionamento.

ESTRATÉGIAS PARA REDUZIR A SOBRECARGA DIGITAL

Desintoxicação das redes sociais

Há duas maneiras de fazer uma desintoxicação digital.

Opção 1
Saia totalmente das redes sociais por algum tempo. Muitas pessoas até removem os aplicativos de redes sociais nos celulares, a fim de não cair em tentação.

Opção 2

Diminua seu envolvimento.

Limite o número de contas que você segue nas redes sociais. Estabeleça uma meta, por exemplo, e corte pela metade o número de pessoas que você segue.

Use um cronômetro e atenha-se ao limite estipulado.

Entre nas redes sociais somente em determinadas horas.

Remova os aplicativos do seu celular e só entre nas redes sociais quando estiver em seu computador.

A tecnologia faz parte de nossas vidas, e nossa dependência dela é cada vez maior. Mas você pode decidir como se envolve com ela. A tecnologia e as redes sociais não são o verdadeiro problema, e sim o fato de as pessoas se envolverem exageradamente com elas. A tecnologia é dominada quando utilizada para seu bem e o uso responsável requer impor limites.

Dicas adicionais:

- Limite seu acesso tendo apenas um carregador em um cômodo da casa.
- Deixe a carga do celular acabar. Enquanto ele recarrega, aproveite para restaurar sua energia.
- Use a funcionalidade de tempo na tela do celular para monitorar sua utilização.
- Remova aplicativos supérfluos. Qualquer aplicativo não utilizado no mês passado é descartável.
- Desabilite as notificações. Os alertas o incitam a pegar seu celular.
- Cria regras sobre o uso de celulares. Comece impondo regras estritas e atenue-as semanalmente até achar um equilíbrio no tempo gasto com o celular.
- Dispense pessoas que não são amigas de verdade.
- Pare de seguir pessoas que abatem seu moral.

Exercício

Pegue seu caderno ou uma folha de papel para fazer o exercício a seguir.

- Quantas horas você gasta com tecnologia?
- Quantas horas você gostaria de despender com tecnologia?
- Com que redes sociais e jogos você gostaria de se envolver menos?
- O que você sente quando percebe que está usando tecnologia à toa?
- Que hábitos saudáveis você gostaria de adotar, ao invés de se consumir desenfreadamente com tecnologia?

15

E DAQUI EM DIANTE?
Seu bem-estar depende dos seus limites.

A primeira vez que recorri à terapia foi na época do mestrado. Assim como a maioria das pessoas, fiz isso em razão de problemas de relacionamento, à ansiedade e à falta de equilíbrio entre o trabalho e a vida pessoal. Embora não tivesse a menor ideia de como resolver meus problemas nos relacionamentos, percebia que as pessoas sempre tentavam fazer eu me sentir mal e me transferiam a culpa por impor limites como "não posso mais lhe emprestar dinheiro", "quando usar meu carro, ponha gasolina" ou "eu não posso cuidar do seu bebê porque tenho aula". Eu vivia frustrada e ressentida porque as pessoas em minha vida sempre pediam alguma coisa e nunca estavam dispostas a se colocar no meu lugar.

Após várias sessões, minha terapeuta me aconselhou delicadamente a comprar um exemplar de *Boundaries: Where You End and I Begin*, de Anne Katherine. Com a ajuda da terapeuta e do livro, comecei a me sentir melhor em relação a dizer não e pedir o que necessitava.

Dependendo da pessoa em questão, até hoje fico incomodada ao fazer um pedido. Mas peço assim mesmo porque, em última instância, me sinto melhor quando tenho limites saudáveis nos relacionamentos. É melhor lidar com o desconforto temporário do que com o ressentimento e a frustração duradouros.

Em relacionamentos saudáveis, é correto, racional e seguro que as duas pessoas afirmem seus limites. Tanto você quanto a outra parte tem esse direito. Por exemplo, seu chefe impõe que você chegue 5 minutos antes das reuniões, ao passo que você deixou claro que não trabalha nos fins de semana. Respeitar os limites alheios é fundamental para que os seus sejam respeitados.

Quando alguém lhe impuser um novo limite, como "gostaria que você largasse o celular durante o jantar", a melhor reação é acatar o pedido. Sua resposta verbal pode ser "concordo e vou deixar o celular de lado", seguida pelo ato concreto.

Após ler este livro, você ficará ciente de que, quando alguém impõe um limite, a intenção é sentir-se seguro e feliz no relacionamento. Esses limites não devem ser levados para o lado pessoal. O segundo acordo (e o meu favorito) no livro *Os Quatro Compromissos,* de Don Miguel Ruiz, é "não leve as coisas para o lado pessoal". Portanto, seja lá o que aconteça em seu entorno, não tome isso pelo lado pessoal. Nada que as outras pessoas façam é por sua causa, e sim por causa de si mesmas. Todas as pessoas vivem um sonho na própria mente. Mesmo que as palavras pareçam visar você, como um insulto direto, na verdade elas têm a ver com quem as proferiu.

Trabalho constantemente para que meus clientes despersonalizem acontecimentos e interações com os outros. Quando personalizamos, negamos o histórico das outras pessoas envolvidas. Personalizar é supor que tudo gira em torno de nós.

Por exemplo, sou aquele tipo de pessoa que pede que os outros tirem os sapatos para entrar em minha casa. Eu acho que a sujeira incrustada nos sapatos não deve entrar em casa e isso também poupa trabalho com a limpeza doméstica. Logo que impus essa regra, várias pessoas questionavam, "mas por que preciso tirar os sapatos?". Mas minha regra não era uma implicância com elas nem com seu gosto para sapatos.

O mesmo se aplica a seus limites e às pessoas que lhe pedem para respeitar os delas. Sem questionar, você pode concordar com o pedido ou arcar com as consequências de não o aceitar. Mas lembre-se de que você não pode determinar suas consequências. Se seu limite entra em conflito direto com o da outra pessoa, é fundamental avaliar qual é mais saudável e útil para o relacionamento. Lembre-se de que limites rígidos não são saudáveis.

Limites são estabelecidos em duas etapas: (1) comunicando-os verbalmente aos outros, e (2) agindo, seja impondo consequências ou parando de interagir com pessoas que não respeitam nem nunca respeitarão seus limites.

Após ter feito tudo o que era possível, o limite final pode ser terminar um relacionamento doentio. Por mais que isso seja triste, às vezes é inevitável. Quando você decide terminar um relacionamento que deixou de ser viável, lembre-se de que você se esforçou ao máximo para restaurar a relação e propôs soluções que poderiam ter dado certo. Mas, caso a situação mude, você pode reatar com a pessoa.

Aqui estão algumas dicas antes de reatar relacionamentos:

- Você espera que algo seja diferente?
- A situação ou pessoa de fato mudou?
- O que prova que a pessoa ou situação está diferente?
- Você está mesmo se dando bem com a outra pessoa ou só está obcecado em fazer o relacionamento dar certo?
- Se nada mudou, você está disposto a repetir tudo de ruim que aconteceu antes?

Esperar que um relacionamento melhore sem avaliá-lo de forma realista o colocará em uma situação semelhante ou pior do que antes.

Inicialmente, é desconfortável impor seus limites. Você pode sentir muita culpa e questionar se está fazendo a coisa certa. Mas estabeleça-os assim mesmo. Supere o medo e o desconforto e defina limites. Afinal, você está se desafiando a ser mais saudável e a ter relacionamentos mais saudáveis.

A ambivalência faz parte do processo, e é perfeitamente natural ficar inseguro ao tentar fazer algo novo. Então, assim que começar a estabelecer limites, fique firme porque a consistência é a parte mais crucial do processo.

Lembre-se: impor limites sempre implica em sentir culpa. Se você quiser diminuir (não eliminar) a culpa, mude sua maneira de pensar sobre o processo. Pare de achar que limites são mesquinhos ou errados e passe a acreditar que eles são uma parte inegociável de relacionamentos saudáveis, da prática do autocuidado e do bem-estar.

Criando limites saudáveis você fica bem em seus relacionamentos e na vida. Para que eles se mantenham em vigor, seja claro verbalmente e por meio de suas ações. Lembre-se de que se uma pessoa discordar ou não entender seus limites, ela pode relutar, questionar, testá-los, ignorá-los ou sumir. Seja lá o que aconteça, não pare de estabelecer limites. Persevere tendo a certeza de que seus limites não são feitos para agradar às pessoas, e sim para que você se mantenha saudável nos relacionamentos. Eles são um meio de ter regras básicas para si mesmo e os outros, e são úteis em todas as áreas da vida: tecnologia, trabalho, seu relacionamento consigo mesmo e suas relações com os outros. Portanto, é correto ter limites e comunicá-los assertivamente. Somente com limites é possível conviver pacificamente com os outros.

Situações, relacionamentos e pessoas com limites sobrevivem com mais facilidade.

Aqui estão alguns benefícios:

- Pessoas com limites dormem melhor.
- Pessoas com limites têm menos *burnout*.
- Pessoas com limites têm relacionamentos mais saudáveis que tendem a ser duradouros.
- Pessoas com limites sentem menos estresse.
- Pessoas com limites são mais alegres.
- Pessoas com limites colhem benefícios em curto e longo prazos.

Muitíssimo obrigada por sua disposição para criar coragem e mudar. Eu juro que a jornada rumo a limites mais saudáveis compensa o desconforto de impô-los.

Estabeleça seus limites com a consciência de que está apenas melhorando sua vida, não prejudicando os outros.

QUESTIONÁRIO DE AUTOAVALIAÇÃO[2]

1. "Eu digo sim para as pessoas mesmo que queira dizer não".

A. Sim, faço isso com frequência.

B. Eu digo não e explico a razão, para que as pessoas parem de me fazer pedidos.

C. Geralmente, digo não sem pedir desculpas, nem mentir sobre o motivo.

2. "Tenho a sensação constante de ser obrigado a salvar as pessoas mais próximas e resolver seus problemas".

A. Não, eu não me envolvo nos problemas alheios.

B. Sim, frequentemente.

C. Não, eu sei quais são minhas limitações e só ofereço algo quando tenho condições.

3. "Eu me envolvo regularmente em debates e discussões sem sentido".

A. Sim.

B. Não, eu não passo por isso.

C. Não, eu tento manter as pessoas à distância.

4. "Eu empresto dinheiro para meus amigos e minha família por pena, culpa, obrigação ou por me sentir ameaçado".

A. Sim.

B. Não, eu empresto dinheiro e deixo claro quando a pessoa tem de devolver.

C. Não, eu não confio nas pessoas e/ou quero poupar cada centavo que ganho.

5. "Frequentemente, fico estressado com o trabalho".

A. Sim.

B. Não, eu nunca penso sobre o trabalho. Quando não estou lá, eu desligo e não me importo com o que aconteça.

C. Não, eu desabilito as notificações do trabalho e ignoro telefonemas, mensagens de texto e e-mails. Em casa, eu tento ficar focado só nos meus amigos/família/em mim mesmo. Posso ser mais flexível em algumas situações (em caso de emergências ou de um projeto grande), mas deixo claro que não quero perder muito tempo com isso.

6. "Acho que passo tempo demais nas redes sociais".
A. Sim.
B. Não, entro de vez em quando nas redes sociais, mas não sou tragado por elas.
C. Entro nas redes sociais ligadas ao meu trabalho em dias e horários específicos, então desligo os aplicativos no meu celular.

7. "Eu me sinto culpado quando digo não a alguém".
A. Sim.
B. Não.
C. Não, eu não me importo com o que as pessoas pensam. Fico aborrecido/com raiva/frustrado quando elas me pedem coisas.

8. "Eu fico confuso em atividades e obrigações que não quero fazer".
A. Sim.
B. Não.
C. Não, as pessoas sabem que não adianta me pedir para fazer coisas.

9. "Eu não confio nas pessoas".
A. Verdadeiro.
B. Confio apenas em algumas pessoas.
C. Não, eu confio em todo mundo e, às vezes, isso me traz problemas.

10. "Eu revelo prematuramente muitas informações pessoais".
A. Sim.
B. Não,

C. Eu não confio o suficiente nas pessoas para revelar informações pessoais.

11. "Eu consigo ouvir não das pessoas sem levar para o lado pessoal".
A. Sim.
B. Não, eu tendo a levar para o lado pessoal.
C. Geralmente, eu não peço ajuda, pois acho que as pessoas não vão fazer a coisa direito ou que não são confiáveis.

12. "Não consigo tomar uma atitude quando me tratam mal".
A. Verdadeiro.
B. Não, eu repreendo as pessoas, explodo ou falo mal delas.
C. Não, eu consigo dizer o que sinto às pessoas.

13. "Eu me sinto culpado por reservar tempo para mim mesmo".
A. Não, eu sei que preciso cuidar bem de mim para cuidar bem dos outros. "Você não pode extrair coisa alguma de um copo vazio".
B. Sim.
C. Não, eu priorizo sempre minhas necessidades em detrimento das alheias.

14. "Eu peço desculpas por coisas mesmo que não as tenha causado".
A. Não, geralmente as coisas são mesmo por minha culpa.
B. Sim.
C. Não, eu peço desculpas sempre que sou responsável por alguma coisa e sei que magoei alguém.

15. "Eu fico dispersivo e estressado porque tenho um milhão de coisas para fazer e me falta tempo".
A. Sim.
B. Sinceramente, não há muita coisa acontecendo. A minha vida é tranquila porque não tenho muitos amigos nem compromissos.
C. Não, eu aprendi a dizer não, a terceirizar, a delegar e a pedir ajuda para não ficar dispersivo nem estressado.

16. "Eu não me exponho mesmo quando tenho algo importante para compartilhar".

A. Sim.
B. Não, eu sei que minhas ideias e colaborações são tão importantes quanto as dos outros.
C. Não, na realidade, eu ignoro os outros no trabalho ou não dou chance para eles falarem.

Criado por Nedra Tawwab e Kym Ventola

---

2 Respostas. Veja seus tipos de limite mais característicos.
1. A. Poroso, B. Rígido, C. Saudável 2. A. Rígido, B. Poroso, C. Saudável 3. A. Poroso, B. Saudável, C. Rígido 4. A. Poroso, B. Saudável, C. Rígido 5. A. Poroso, B. Rígido, C. Saudável 6. A. Poroso, B. Saudável, C. Rígido 7. A. Poroso, B. Saudável, C. Rígido 8. A. Poroso, B. Saudável, C. Rígido 9. A. Rígido, B. Saudável, C. Poroso 10. A. Poroso, B. Saudável, C. Rígido 11. A. Saudável, B. Poroso, C. Rígido 12. A. Poroso, B. Rígido, C. Saudável 13. A. Saudável, B. Poroso, C. Rígido 14. A. Rígido, B. Poroso, C. Saudável 15. A. Poroso, B. Rígido, C. Saudável 16. A. Poroso, B. Saudável, C. Rígido

PERGUNTAS FREQUENTES

Qual é um bom limite para uma mãe tóxica, se você não estiver preparado para romper a relação?
Quando sabe que um relacionamento é nocivo, mas não está preparado para romper, você pode manter autolimites no envolvimento com a outra pessoa.

Sugestões de limites:

- Converse só de vez em quando com sua mãe. Ao invés de diariamente, entre em contato uma ou duas vezes por semana.
- Limite a duração das conversas com sua mãe citando um empecilho, como "estou a caminho de um compromisso e vou ter que desligar quando chegar lá".
- Responda só quando estiver preparado e disposto a conversar, não toda vez que sua mãe telefonar ou enviar mensagens de texto.

É necessário explicar a um amigo ou parente por que você está mantendo distância ou quer cortar relações?
Você conhece bem essas pessoas. Algumas ouvirão sua explicação e outras o atacarão ou irão se defender. Pense bem no tipo de pessoa com quem vai falar antes de expor os problemas. Se for provável que a conversa degringole, talvez seja melhor não falar cara a cara com a pessoa e optar por expressar seus desejos em uma mensagem de texto. Se for possível, tente distanciar-se lentamente dela, pois esse é o meio mais cordial de sair de um relacionamento.

Como devo lidar com meu amigo que sempre reclama do trabalho?
Estabeleça limites em relação à frequência com que conversa sobre certos assuntos com esse amigo. É muito importante refletir se

você o está incitando inadvertidamente a falar mais sobre os problemas dele.

Considere isso:

1. Você parece interessado no assunto? Por exemplo, mencionar o trabalho pode dar a impressão de que você quer ouvir sobre esse assunto.
2. Você dá conselhos ao seu amigo?
3. Você tenta redirecionar seu amigo para outro assunto?
4. Você já sugeriu a seu amigo que fale sobre suas preocupações com um profissional ou alguém de um escalão mais alto no trabalho?
5. Seu amigo está ciente de que você acha as conversas emocionalmente exaustivas? Caso ele não se dê conta disso, direcione a conversa para um assunto mais ameno.

Como apoiar um amigo que não quer fazer terapia?

Decida o quanto quer ouvir e como pode ajudá-lo. Mantenha-se em seu papel de amigo, ao invés de tentar raciocinar como um terapeuta. Diga a ele que se incomoda com certos assuntos. Continue sugerindo que ele faça terapia e aponte o quanto isso seria benéfico. Algumas pessoas têm feridas profundas que os amigos não podem ajudar a curar.

Como explico à minha família que não posso mais emprestar dinheiro?

Quando você explica seus limites, as pessoas podem refutá-los. Diga apenas, "não". "Não posso ajudá-lo". "Talvez eu possa ajudar lhe dando algumas dicas". "Eu não posso ajudar; você já tentou outras opções?".

Como estabeleço limites para o meu filho sem magoá-lo?

Você reage bem se alguém estabelece limites. Estabeleça os seus, ciente de que está fazendo isso por amor. Limites proporcionam uma estrutura sólida para as crianças.

O que faço para me livrar da culpa?

Mude a narrativa de "tudo é culpa minha" para "não sou responsável por tudo o que acontece". Livrar-se da culpa é tão difícil quanto livrar-se de suas emoções. É preciso lidar com todas as emoções, incluindo ciúme, felicidade e culpa. Quanto mais focar na culpa e tentar abafá-la, mais tempo ela durará. Apenas sinta. Não julgue o que sente.

AGRADECIMENTOS

Antes de saber o que são limites, eu criava limitações mentais em relação a coisas que achava inadequadas ou que pareciam erradas. Por fim, aprendi que a palavra exata para definir essas limitações era "limites". Por meio de uma série de pequenas atitudes corajosas, passei a estabelecer e manter limites. Sou profundamente grata ao processo que me abriu os olhos para o poder dos limites saudáveis.

Agradeço a Deus por revelar por que minha vida se expande desta maneira, por proporcionar experiências que me fazem viver de forma mais elevada e por me ajudar a dar vida a palavras destinadas aos outros. Agradeço ao meu marido por captar minha visão para este livro, sonhar junto comigo e me estimular a reservar tempo para me dedicar à escrita. Agradeço às minhas duas filhas, que me mostraram os limites necessários para ser mãe. Agradeço à minha irmã e amiga Erica por nossas conversas profundas sobre limites e por me incentivar a ser mais autêntica. Agradeço à minha equipe de planejamento matinal – Racheal, Rebecca e Monica – por sua torcida entusiasmada. Agradeço a todos os amigos maravilhosos – Talaya, Delesa e outros – que, durante esse processo, me enviaram cartões e presentes lindos e me fizeram rir. Agradeço a todos os meus clientes que despertaram minha paixão para ajudar as pessoas a criarem limites. Agradeço à minha comunidade no Instagram por me estimular a criar, sempre apoiando meus conteúdos e ajudando a levar meu trabalho para novos patamares. Tenho o privilégio diário de fazer o que amo e de ajudar os outros.

Obrigada à minha agente, Laura Lee Mattingly, por me orientar no universo editorial e me pressionar rapidamente por meio de sua proposta. Esse projeto foi viabilizado porque minha editora, Marian Lizzi, acreditou nele desde o início e sua seriedade em relação à forma de transmitir minha mensagem ajudou a moldar este livro. Agradeço à sua equipe, composta pela diretora de arte Jess Morphew e pela assistente editorial Rachel Ayotte, por me guiar ao longo desse processo. Minha advogada, Patrice Perkins, me ajudou a refletir sobre todos os aspectos da minha marca. E minha assistente, Shaunsie Reed, me animou constantemente e revisou meu primeiro esboço. Este livro se concretizou por causa do grande apoio que recebi ao longo do caminho.

Sou grata pelo apoio da minha terapeuta, que me estimulou a escrever este livro e salientou meus triunfos por respeitar os limites.

Obrigada, mamãe e papai, por me trazerem ao mundo. E o maior agradecimento é para todo mundo que ler este livro. Vocês são corajosos e sabem o valor de ter limites.

LEITURAS ADICIONAIS

ALLAN, Patrick. *How to Deal with Chronic Complainers*. Lifehacker, 8 de outubro de 2019. https://lifehacker.com/how-to-deal-with-chronic-complainers-1668185689.

BECK, Julie. *How Friendships Change in Adulthood*. The Atlantic, 22 de outubro de 2015. https://www.theatlantic.com/health/archive/2015/10/how-friendships-change-over-time-in-adulthood/411466/.

BOURNE, Edward. *Anxiety and Phobia Workbook*, 4ª ed. Oakland, CA: New Harbinger Publications, 2006.

CLEAR, James. *Atomic Habits*. Nova York: Avery Publications, 2018.

COLEMAN, Jackie, e John Coleman. *The Upside of Downtime*. Harvard Business Review, 6 de dezembro de 2012. https://hbr.org/2012/12/the-upside-of-downtime.

EMERY, Lea Rose. *The First Year of Marriage Is Tough, No Matter How You Spin It*. Brides, novembro de 2019. https://www.brides.com/story/ the-first-year-of-marriage-is-tough.

EYAL, Nir. *Indistractable: How to Control Your Attention and Choose Your Life*. Dallas: Ben Bella Books, 2019.

HIGGS, Michaela. *Go Ahead and Complain. It Might Be Good for You*. New York Times, 9 de janeiro de 2020. https://www.nytimes.com/2020/ 01/06/smarter-living/how-to-complain-.html.

HORSMAN, Jenny. *But I'm Not a Therapist: Furthering Discussion About Literacy Work with Survivors of Trauma*. Toronto: Canadian

Congress for Learning Opportunities for Women, 1997. https://eric.ed.gov/?id= ED461078.

JUNE, Sophia. *Instagram Therapists Are the New Instagram Poets*. New York Times, 19 de junho de 2019. https://www.nytimes.com/2019/06/26/ style/instagram-therapists.html.

KANTOR, Jodi, e Megan Twohey. *Harvey Weinstein Paid Off Sexual Harassment Accusers for Decades*, New York Times, 5 de outubro de 2017. https://www.nytimes.com/2017/10/05/us/harvey-weinstein-harassment-allegations.html.

KATHERINE, Anne. *Where You End and I Begin – How to Recognize and Set Healthy Boundaries*. Center City, MN: Hazelden, 1994.

MECHLING, L. *How to End a Friendship. New York Times*, 14 de junho de 2019. https://www.nytimes.com/2019/06/14/opinion/sunday/how-to-end-a-friendship.html.

MILCHAN, A., S. Reuther, J. F. Lawton, G. Marshall, R. Gere, J. Roberts, R. Bellamy et al. *Pretty Woman*. Buena Vista Pictures, 1990.

MORRISH, E. *Reflections on the Women, Violence, and Adult Education Project. Focus on Basics 5,* issue C, fevereiro de 2002. http://www.gse. harvard.edu/-ncsall/fob/2002/morrish.html.

ROSENWASSER, Penny. *Tool for Transformation: Cooperative Inquiry as a Process for Healing from Internalized Oppression*. Adult Education Research Conference, pp. 392-396. Vancouver: University of British Columbia, 2000. http://www.edst.educ.ubc.ca/aerc/2000/rosenwasserp1-web.htm.

SCHWAB, Charles. *Modern Wealth Survey*. Maio de 2019. https://content. schwab.com/web/retail/public/about-schwab/Charles-Schwab-2019-Modern-Wealth-Survey-findings-0519-9JBP.pdf.

SUE, D.W., *Microaggressions: More Than Just Race*, Psychology Today, 17 de novembro de 2010. https://www.psychologytoday.com/us/ blog/microaggressions-in-everyday-life/201011/microaggressions-more-just-race.

TAWWAB, Nedra. *The Question I'm Asked Most as a Therapist – and My Answer*. Shine, novembro de 2019. https://advice.shinetext.com/articles/ the-question-im-asked-most-as-a-therapist-and-my-answer/.

Trauma Affects Trust in the World as a Beneficial Place, the Meaningfulness of Life, and Self-Worth. Horsman 1997; Morrish 2002; Rosenwasser 2000.

TSUKAYAMA, H. *Teens Spend Nearly Nine Hours Every Day Consuming Media*. Washington Post, 5 de novembro de 2015. https://www.washingtonpost.com/news/the-switch/wp/2015/11/03/teens-spend-nearly-nine-hours-every-day-consuming-media/.

VANZANT, Iyanla. *The Value in the Valley: A Black Woman's Guide Through Life's Dilemmas*. Nova York: Fireside, 1995.

WEBB, Jonice. *Running on Empty*. Nova York: Morgan James, 2012.

WILLIAMS, A. *Why Is It Hard to Make Friends Over 30?*. New York Times, 13 de julho de 2012. https://wwwn.nytimes.com/2012/07/15/ fashion/the-challenge-of-making-friends-as-an-adult.html.

NOTAS

Capítulo 2: O Custo de Não Ter Limites Saudáveis
29. Um artigo publicado na *Harvard Gazette* A. Powell, *Study: Doctor Burnout Costs Health Care System $4.6 Billion a Year*, Gazette, 19 de julho de 2019, https://news.harvard.edu/gazette/story/2019/07/doctor-burnout-costs-health-care-system-4-6-billion-a-year-harvard-study-says/.
30. Segundo Emily Nagoski e Amelia Nagoski, autoras de *Burnout: The Secret to Unlocking the Stress Cycle* (Nova York: Ballantine Books, 2019).
35. Segundo a Anxiety and Depression Association of America, em *Facts and Statistics*, https://adaa.org/about-adaa/press-room/facts-statistics.
46. *What's on Your Plate?* foi criado por Monica Marie Jones e modificado por Nedra Tawwab.

Capítulo 3: Por Que Não Temos Limites Saudáveis?
55. Em 2018, a Barnes & Noble vendeu mais livros sobre autocuidado do que livros sobre dietas e exercícios físicos: M. Schaub, *Mental Health Books Outsell Diet and Exercise Books at Barnes & Noble*, Los Angeles Times, 11 de janeiro de 2019, https://www.latimes.com/books/la-et-jc-mental-heath-book-sales-20190111-story.html.

Capítulo 7: Linhas Indistintas: Demarque-as Bem
122. Segundo Kate McCombs, educadora especializada em relacionamentos e sexo, em *My Favorite Question Anyone Asks Me When I'm Having a Rough Day*, postagem no blog, 3 de dezembro de 2014, http://www. katemccombs.com/favoritequestion/.

123. Segundo Celeste Headlee, em *We Need to Talk* (Nova York: Harper Wave, 2017).

132. Em *Atomic Habits*, James Clear fala sobre a importância de fazer pequenas mudanças para gerar resultados significativos: James Clear, *Atomic Habits* (Nova York: Avery, 2018).

Capítulo 8: Trauma e Limites
140. Violações frequentes de limites quando há um trauma: Claudia Black, *Repeat After Me* (Las Vegas: Central Recovery Press, 2018).

Capítulo 9: O Que Você Está Fazendo para Respeitar Seus Limites?
151. Um cidadão norte-americano comum tem pelo menos quatro cartões de crédito e uma dívida de US$ 8.398: Bill Fye, *Key Figures Behind America's Consumer Debt*, Debt.org, https://www.debt.org/faqs/ americans-in-debt/.

151. 59% dos norte-americanos dependem de cada contracheque para sobreviver: Charles Schwab, *Modern Wealth Survey*, maio de 2019, https://content.schwab.com/web/retail/public/about-schwab/Charles-Schwab-2019-Modern-Wealth-Survey-findings-0519-9JBP.pdf.

158. Segundo o *Journal of Marriage and Family Studies*: Perspectives Counseling. https://perspectivesoftroy.com/men-cheat-women/.

Capítulo 10: Família
177. No livro *Babyproofing Your Marriage: How to Laugh More and Argue Less as Your Family Grows*, de Stacie Cockrell, Cathy O'Neill e Julia Stone (Nova York: William Morrow Paperbacks, 2008).

Capítulo 11: Relacionamentos Românticos
201. Identidades fundamentais como mulher e amantes podem se transformar em mãe e pais: Matthew D. Johnson, *Have Children? Here's How Kids Ruin Your Romantic Relationship*, The Conversation, 6 de maio de 2016, https://theconversation.com/have-children-heres-how-kids-ruin-your-romantic-relationship-57944.

Capítulo 12: Amizades

210. A autodescoberta dá lugar ao autoconhecimento: Marla Paul, *The Friendship Crisis: Finding, Making, and Keeping Friends When You're Not a Kid Anymore* (Nova York: Rodale Books, 2005).

214. Quando eu estava no ensino médio, ganhei o livro *The Value in the Valley: A Black Woman's Guide Through Life's Dilemmas*, de Iyanla Vanzant (Nova York: Fireside, 1995).

Capítulo 13: Trabalho

223. Em 2017, muitas mulheres começaram a denunciar as agressões sexuais cometidas pelo poderoso homem de mídia Harvey Weinstein: Jodi Kantor e Megan Twohey, *Harvey Weinstein Paid Off Sexual Harassment Accusers for Decades*, New York Times, 5 de outubro de 2017, https://www.nytimes.com/2017/10/05/us/harvey-weinstein-harassment-allegations.html.

228. Tirar uma soneca na pausa para o almoço: Jackie Coleman e John Coleman, *The Upside of Downtime*, Harvard Business Review, 6 de dezembro de 2012, https://hbr.org/2012/12/the-upside-of-downtime.

228. Em 2018, os trabalhadores norte-americanos deixaram de usar 768 milhões de dias de férias remuneradas: U.S. Travel Association, https:// www.ustravel.org.

Capítulo 14: Redes Sociais e Tecnologia

234. Em junho de 2019, eu fui citada em um artigo no *New York Times*: Sophia June, *Instagram Therapists Are the New Instagram Poets*, New York Times, 19 de junho de 2019, https://www.nytimes.com/2019/06/26/style/instagram-therapists.html.

236. Você passa tempo demais no celular: *How Much Time Do We Really Spend on Our Smartphones?*, Straight Talk, 15 de setembro de 2018, https://blog.straighttalk.com/average-time-spent-on-phones/

240. Segundo um artigo no *Washington Post*, 3.725 bilhões de pessoas usam redes sociais: H. Tsukayama, *Teens Spend Nearly Nine Hours Every Day Consuming*

Media, Washington Post, 5 de novembro de 2015, https://www.washingtonpost.com/news/the-switch/wp/2015/11/03/teens-spend-nearly-nine-hours-every-day-consuming-media/.

241. O livro *Indistractable: How to Control Your Attention and Choose Your Life*, de Nir Eyal, mostra como as redes sociais e os dispositivos não são o problema: Nir Eyal, *Indistractable: How to Control Your Attention and Choose Your Life* (Dallas: Ben Bella Books, 2019).

Capítulo 15: E Daqui em Diante?

250. O segundo acordo citado no livro *The Four Agreements* é o meu favorito: Don Miguel Ruiz, *The Four Agreements: A Practical Guide to Personal Freedom* (San Rafael, CA: Amber-Allen Publishing, 1997).

SOBRE A AUTORA

Nedra Glover Tawwab é uma terapeuta estadunidense especializada em relacionamentos e atua há 14 anos nessa área. Fundou e dirige a clínica *Kaleidoscope Counseling* em Charlotte, Carolina do Norte, e seu dom é ajudar as pessoas a criarem relacionamentos sadios consigo mesmas e com os outros. Segundo sua filosofia, a falta de limites e de assertividade está na raiz da maioria dos problemas de relacionamento, então ela ensina as pessoas a estabelecerem limites para que possam ter relacionamentos saudáveis. Após formar-se na Universidade Estadual Wayne em Detroit, Michigan, fez outras especializações para trabalhar com famílias, casais, transtornos de humor perinatal e de ansiedade, além de treinamento avançado para tratar adultos que sofreram negligência emocional na infância.